한눈에 읽는 외식창업 성공이야기 [시리즈 11]

웰빙·퓨전·모던키워드
중식 전문점

김병욱 지음

 킴스정보전략연구소

김 병 욱 소장

킴스정보전략연구소 소장인 김병욱 박사는 소상공인 창업 지원 연구, 개발, 평가, 심사, 위원으로 활동하고 있으며, 삼성그룹사가 작사와 1등을 뛰어넘는 2등 전략과 창업 틈새 전략 외 150여 권의 저서를 발표한 바 있다.

그 밖에 방송·산업체 강의, 평가 등의 활동과 동시 월스트리트저널에 의해 21세기 아시아 차세대 리더에 선임된 바 있는 정보전략가임과 동시 경영컨설턴트이다.

Contents

Contents

Contents

Contents

Contents

I

중식의 역사와 변천

1. 중식 역사의 변천

중국음식의 시초는 1882년 임오군란 이후 중국 산둥성 사람들이 인천 제물포를 통해 한국으로 넘어오면서부터라고 할 수 있다. 1883년 인천 차이나타운이 형성된 후로 고급 청요릿집, 호텔 고급 중식당, 동네 배달 중국음식점, 차이니즈 레스토랑 등 다양한 형태를 거쳐 변화하며 지금까지 140여 년의 역사를 이어오고 있다. 통계청 조사에 따르면 2017년 기준 한국의 중식당 수는 2만1680개 업소에 이른다.

1) 1900~1959 : 인천 차이나타운 공화춘 → 짜장면 탄생지

짜장면을 처음 팔기 시작한 곳으로 알려진 〈공화춘〉은 1905년에 문을 열었다. 원래 음식과 호텔의 혼합형 숙식업소인 〈산동회관〉이 전신이다. 공화춘은 개업 당시 한일 상류계층이 출입하는 고급 요릿집으로 명성이 높았다. 그러나 1920년부터 항구를 통한 무역이 성행하면서 중국 무역상을 대상으로 한 중국 대중음식점들이 우후죽순 생기면서 타운이 형성됐다. 그 당시 중국음식을 처음 접한 서민들은 색다른 맛과 저렴한 가격에 매료돼 중국음식을 즐겨 찾았다. 공화춘도 노동자들과 서민들을 상대로 싸고 손쉽게 먹을 수 있는 음식을 생각하다가 볶은 춘장에 국수를 비벼 먹는 짜장면을 판매하기 시작했다. 이것이 우리나라 짜장면의 탄생의 역사다. 당시 고급 중국음식점으로는 인천에 〈공화춘〉, 〈중화루〉, 〈동흥루〉 등과 서울 명동의 〈아서원〉, 〈사해루〉, 〈금곡원〉 등을 꼽는다.

2) 1960~1999 : 리틀차이나타운과 호텔 중식당 '전성시대'

1940년대 인기 있었던 고급 중화요리는 1960년대 이후로도 지속됐다. 〈홍보석〉, 〈동보성〉, 〈히래등〉, 〈만강홍〉, 〈아리산〉, 〈국빈〉, 〈만다린〉, 〈만리장성〉 등 서울에서 인기 있는 중식당들이 차례대로 생겼다. 만다린은 매장 규모만 9917㎡(3000평), 회갑 잔치나 결혼식장으로도 이용했다. 하루 1억 원 넘게 벌어들일 정도로 어마어마했다. 홍보석은 정재계 인사들의 주요 비즈니스 집결지였다.

인천과 서울 명동이 1세대 중식당의 근간이라면 1970년 이후 부터는 서울 연희동과 연남동 일대에 있는 중식당이 눈길을 끌기 시작했다. 연희동과 연남동은 1969년 한성화교학교가 명동에서 연희동으로 옮긴 후로 화교 3000여 명이 모여 살기 시작하면서 '리틀 차이나타운'으로 불렸다. 그 후 반도호텔(현 롯데호텔의 전신)의 〈도림〉, 서울 프라자 호텔 〈도원〉, 서울 신라호텔 〈팔선〉, 서울 웨스턴 조선호텔 〈호경전〉, 사보이호텔 〈호화대반점〉 등이 뒤를 이었다.

3) 2000~2015 : 청담동 중심 아메리칸 차이니즈 중식당

2000년대 들어서는 서울 청담동을 중심으로 새로운 중식 트렌드가 생겨났다. 1998년 미국의 퓨전 중식브랜드 〈홀리차우〉가 선을 보이면서 기존 중식의 틀을 깼다. 이후 〈연경〉, 〈시안〉, 〈이닝〉, 〈빠진〉, 〈리샨〉 같은 고급 중식당을 비롯해 〈칸지고고〉, 〈차이나팩토리〉, 〈웰차이〉등 아메리칸 차이니즈 콘셉트의 중식 레스토랑이 주목을 받았으나 이들 대부분이 오래가진 못했다.

한동안 시스템 중심의 프랜차이즈 짬뽕집이 주를 이루나 싶더니 2013년 후반부터는 다시 요리 중심의 중식당이 주목받기 시작했다. 대부분 정통 중화요리와는 조금 다른 방식과 콘셉트의 요리를 내세우거나 중국 본토의 정통 요리를 재현해 현재까지 다양한 미식가들과 중식마니아들의 사랑을 받고 있다. 서울 강남의 〈일일향〉이나 〈홍명〉, 서래마을에 위치한 〈서래향〉, 서교동 〈진진〉, 남가좌동 〈러시안〉등이 대표적이다.

⟨표1⟩ 우리나라 중식의 역사

시기	중식 브랜드
1900년대~1940년대	공화춘, 중화루, 동흥루, 아서원 사해루, 금곡원
1960년대 중반	프라자호텔 대려도 광화문 태화관 종로 대명관, 대관언 명동 중화각 을지로 중화반점 남대문 하나장 충무로 동해루
1960년대 말	반도호텔 용궁 대림상가 외백
1970년대	남산 희래등 종로 향백, 금문도, 동보성 퍼시픽호텔 야상해 동부이촌동 홍보석 사보이호텔 호화대반점 프라자호텔 도원 신라호텔 팔선
1980년대	강남 만다린, 만리장성, 대려도, 함지박 코리아나호텔 대상해
1990년대	홀리차우
1990년대 후반~2010년대	연경, 시안, 이닝, 빠진, 리샨, 만다린 취영루, 칸지고고, 차이나팩토리
2010년~2017년	홍콩반점, 상하이짬뽕 교동반점, 판다 익스프레스 목란, 진진, 일일향, 피에프창

2. 중식의 본질

1) '중국요리'는 없다

그랜드앰버서더 홍보각 여경래 셰프는 "중국은 굉장히 크고 광대한 나라로 메뉴 가짓수가 6만개가 넘어, '중국요리'라고 통칭해 부르는 것은 의미 없다고 강조한다. 즉 '중국 지역별 음식'이라고 하는 것이 정확하다"고 설명한다.

중국은 크게 강소(상해요리), 광동, 사천, 산동 지역으로 나뉘는데 강소 해산물이 풍부해 랍스터나 생선 요리가 다양하고, 산동(북경요리)은 주로 튀김이나 볶음 음식이 많다. 북경오리가 대표적이다. 광동(광둥요리)은 재료 본연의 맛과 식감을 살리는 조리법이 주를 이룬다.

2) 정통 중화요리 → 한국식 중화요리

1948년 중국이 공산화체제가 되고 화교들이 다시 중국으로 돌아가지 못하면서 그 후 50년간 교류가 단절됐다.

중국인을 상대로 팔던 음식을 한국 사람에게 팔아야 하니 자연히 화교들의 중화요리는 한국인의 입맛에 맞게 변형될 수밖에 없었다. 조리방법이나 특징에서 그 뿌리는 중국에 두고 있을지 몰라도, 이미 너무 오랜 시간 한국인의 입맛에 맞게 변형돼버렸다.

3) 1~3세대 원로의 정통요리 지키며 '다양화' 주력

중화요리 원로들과 젊은 요리사들은 한국식 중화요리가 앞으로 더 다양해져야 한다는 것에 같은 목소리를 낸다. 100년이 훌쩍 넘는 시간이 무색할 만큼 중식은 다른 음식에 비해 드러난 게 많이 없었다는 것이다. 대표적인 요리만 수십 가지, 잠재된 요리들까지 하면 수백 가지나 되는 데도 불구하고 지금까지 중식은 짜장면, 짬뽕, 탕수육만 중심이 됐다.

최근 SBS '강호대결 중화대반점'이 인기를 끌었던 이유도 중식 대가들이 나와 그 동안 쉽게 볼 수 없었던 요리들을 긴장감 있게 전달했기 때문이다. 40년, 50년 이상 경력의 대가들의 땀이 여실히 묻어있는 진귀한 요리는 그 자체가 스토리텔링 역할을 하면서 대중의 마음을 사로잡기에 충분하다. '강호대결 중화대반점'에 출연했던 피에프창 코리아 최형진 총괄셰프는 "촬영하다 보면 깜짝 놀랄 때가 많다. 사부들이 오랫동안 숨겨두었던 비장의 요리들을 하나 둘씩 선보일 때마다 중식의 긴긴 역사를 실감한다. 중식은 한식, 양식, 일식 이상으로 보여줄 것들이 무궁무진함을 보여주는 사례라고 주장한다.

중식 역사 120년 만에 재미있는 현상도 일어났다. 짜장면과 함께 한국인의 소울푸드이자 외식메뉴의 로망이었던 탕수육을 두고 '부먹(고기에 소스를 부어놓은 상태에서 먹는 것)이냐 찍먹(소스를 고기에 붓지 않고 찍어먹는 것)이냐'를 두고 의견이 갈리고 있는 것이다.

사실 이 '부먹' 논란은 싸구리 탕수육 때문이라는 슬픈 사실을 알아야 한다. 옛날식 정통 탕수육은 튀김옷부터 다르다. 고운 입자만 거른 감자전분에 달걀흰자 거품 낸 것을 섞어 튀김옷으로 사용해 겉이 바삭바삭하고 속은 부들부들하다. 그러니 소스를 아무리 부어놔도 절대 눅눅해지지 않는다. 그러나 일부 중식당에서 번거롭고 시간 걸리니 옥수수전분에 노른자까지 덩어리째 넣고 튀긴다. 튀김옷이 빵처럼 딱딱하게 부풀어 소스를 얹으면 금방 눅눅해진다. 그래서 요즘 젊은이들은 찍먹을 고수한다.

결국 튀김이 허접해졌기 때문에 부먹이냐 찍먹이냐는 말이 생긴 것이다. 50~60대 중년층들은 아직까지 전통 방식대로 탕수육을 맛있게 잘하는 집에 대한 그리움을 갖고 있다.

중식당의 주방은 일일 파트가 크게 면판, 칼판, 불판으로 분명하게 나누어져 있다. '장'이 있어서 말단들은 대장의 말을 반드시 따라야 했다. 전표 담당이 주문을 받아 주방에 전달하면 각 판의 대장들이 말단에 지시하는 식이었다. 전표 담당이 "짬뽕 하나!"를 외치면 면판에선 면을 뽑고 칼판에선 채소와 돼지고기를 빠른 손놀림으로 써는 것이다. 완성된 면과 재료는 바로 불판 앞으로 보내져 웍에 볶아낸다. 처음 주방에 들어가면 면판, 칼판, 불판 순서로 일을 배우는데 그 시간이 무지하게 길다. 우스갯소리로 '웍 잡는데 30년 걸린다'는 말을 하는데 그건 절대 농담이 아니었다.

당시 화교 사부들은 등 돌린 상태로 웍을 돌렸다. 스킬이나 노하우를 절대 알려주지 않기 위해서였다. 물어보지도 못하게 사납게 굴고 궁금한 것을 물어보려고 하면 피했다. 화교들이 살기 척박한 시대라 서 있는 자리가 유일한 밥벌이였으니 좁은 주방 안에서도 치열했던 것이다.

물론 그렇지 않은 사부들도 간혹 있었다. 될성부른 떡잎이라 판단되면 사부가 먼저 키워주기도 했다. 물론 지금은 예전과는 분위기가 많이 달라졌다. 먹고 살만해진 것도 있지만 제대로 잘 배운 제자들이 많이 배출되어야 앞으로 100년 동안 중식을 이끌어갈 수 있다는 필요성을 느끼기 때문이다.

3. 중식 요리, 맛의 비법

중식을 사랑하는 맛집 블로거들과 미식가들에게 요즘 가장 핫한 중식메뉴에 대해 물었다. 대부분 가격 부담이 크지 않으면서 술과 함께 먹었을 때도 맛이 좋은 음식 위주로 추천한다. 멘보샤는 맥주와 가볍게 즐기기 좋고 동파육은 기름진 돼지고기와 진한 소스로 고량주를 곁들이면 훨씬 풍미가 산다.

1) 중식마니아들이 추천한 핫한 중식요리 4가지

① 소고기채소볶음 : 소고기채소볶음은 재료 본연의 맛을 살리는 중국 광동 지역 스타일의 요리로 소고기와 각종 채소 본연의 식감, 두반장 소스의 감칠맛이 잘 어우러지는 메뉴다. 마리네이드한 소고기와 각종 채소를 센 불에 빠르게 볶아내는 것이 포인트인데 소고기 육즙과 채소에서 나오는 단맛, 알싸한 향들이 어우러져 평범한 듯하지만 은근히 중독성이 있다. '화조유'로 불리는 산초기름을 살짝 넣고 볶아 끝맛이 매콤하고 화한 것이 특징으로 먹고 남은 두반장 소스에 차진 쌀밥과 고수를 올려 먹는 것도 별미다.

② 자춘결 : 한국인에게 익숙하면서도 익숙하지 않은 듯한 묘한

메뉴가 바로 자춘결이다. 자춘결은 중국식 달걀말이와도 같다. 양파와 표고버섯, 부추, 새우살, 밑간한 돼지고기 등 다양한 재료들을 굴소스와 청주, 소금 등을 넣고 볶은 후 달걀지단에 동그랗게 말아 팬에 한 번 더 부쳐 먹기 좋게 썰어내는 요리다. 달걀지단이 축 쳐지지 않도록 달걀을 체에 내린 후 녹말물을 한 스푼 넣고 잘 섞은 후 부치는 것이 비결이다. 그렇게 완성한 달걀지단에 밀가루풀을 바른 후 재료를 넣고 말아서 흐트러지지 않게 앞뒤로 골고루 부쳐주면 된다.

③ 동파육 : 북송시대의 문학가이자 미식가였던 소동파가 개발한 음식으로 통삼겹살에 전통 명주, 소홍주, 진간장 등을 넣고 장시간 조려 만드는 중국 상해 지역의 대표음식이다. 1차로 삶은 후에 불을 줄이고 약한 불에서 육질이 부드러워질 때까지 익혀줘야 고기가 속까지 촉촉하게 익는다. 김이 모락모락 나는 부드러운 돼지고기에 짭짤하면서도 달콤한 간장 베이스소스가 부드럽게 어우러지고 여기에 시원한 청경채를 곁들이면 아삭아삭한 식감까지 가미돼 맛이 다채롭다.

④ 멘보샤 : 중국어로 '멘보'는 빵, '샤'는 새우로 식빵 사이에 다진 새우를 넣어 바삭하게 튀겨내는 요리다. 단순해 보여도 새우와 식빵이 끈끈하게 붙어있는 상태로 타지 않게 튀기려면 나름의

기술이 필요하다. 달걀흰자와 다진 새우살에 전분, 식용유, 올리브유, 녹인 버트 등을 넣고 잘 뭉쳐준 후 정사각형으로 자른 식빵을 양쪽으로 겹쳐 샌드위치 모양을 만든 뒤 60℃ 이하의 기름이 튀긴다. 멘보샤는 저온에서 한 번에 튀기는 것이 포인트인데 온도 조절에 실패하면 식빵이 타거나 새우살이 흩어진다. 겉은 바삭하고 속은 부드러워 맥주 안주로 좋다.

2) 불황기에 강한 만두전문점

만두전문점은 분식 테마의 스테디셀러 아이템이다. 공장에서 만들어진 만두를 공급받아서 손쉽게 창업도 가능하다. 하지만 매장에서 직접 만두소와 만두피를 만들어내는 수제만두전문점의 가치가 높아지고 있다. 만두야말로 대표적인 슬로우푸드로 노동 강도가 높은 아이템이다. 인건비가 늘 부담일 수밖에 없다. 신규 창업자라면 주인장이 직접 만두 기술을 배워 만두가게를 여는, 다소 어려운 창업 방법도 있다. 기술을 배우는 것도 숙달의 문제이기에 시간이 오래 걸린다. 하지만 기술력이 확보되면 불황기에도 꿋꿋하게 버텨내는데 문제가 없다.

(1) 전국적으로 40여 종류의 만두 판매

분식전문점의 여러 테마 중 꾸준한 인기를 누리는 아이템이 만두 전문점이다. 만두는 한식과 중식에서 여전히 인기 있는 아이템이다. 전국적으로 약 40여 종류의 만두가 있으며 만드는 방식에 따라 공장형 만두도 있고, 수제만두도 있다. 테이크아웃 형태의 배달이나 포장 판매용 만두집도 있다. 보통 수제 만두는 굵기가 비교적 크고 왕만두라는 이름이 흔히 사용되기도 한다.

만두는 바쁜 현대인이 짧은 시간에 식사를 해결할 수 있는 메뉴이면서 영양도 풍부해 인기가 높다. 그렇기 때문에 분식집과 중국요리집의 곁들임 메뉴로도 인기가 좋다. 가격도 부담스럽지 않다. 1000원부터 시작해서 7000원까지 다양하며 보통 3000원 정도로 즐길 수 있다.

(2) 특별한 계절식이었던 만두

만두는 중국 남만인들의 음식이었다. 제갈량이 사람 머리 모양을 밀가루로 빚어 제사 지냈다는 유래가 만두의 시초다.

우리나라에서는 조선 영조 이익의 글에 만두 이야기가 나온다. 조선 중기 이전에 중국에서 들어온 것으로 보인다. 당시 우리나라에서 만두는 상용식이 아니고 겨울, 특히 정초에 먹는 계절식이었다.

현대에는 보통 때도 손쉽게 만둣국을 끓여 먹으며 흰떡을 섞어서 끓이는 경우도 많다. 또한 군만두, 찐만두, 튀김만두 등 다양한 조리법이 매우 일반화됐다.

(3) 무조건 저렴한 만두, 정답이 아니다

저성장 시대의 인기 있는 외식 아이템은 가격경쟁력을 무시할 수 없다. 분식점이 외식업 중에서도 비교적 안정적인 사업분야인 이유 중 하나다. 젊은 층에서부터 식장인까지 고객층은 두텁다. 이에 동종 업종이 많고 유사한 업태가 다양해 경쟁관계 또한 치열하다.

최근 프랜차이즈 만두전문점을 찾는 고객은 크게 '차량 고객'과 '보행 고객'으로 나뉜다. 차량 고객을 대상으로 하는 만두집의 경우 공장형 만두를 파는 가게로 빠른 서빙과 균일 한 맛이 강점이다. 반면 신세대 상권에서 젊은 보행 고객층을 타깃으로 하는 만두집의 경우 독자성이 강한 수제만두를 지향한다.

한편 소비자가 원하는 것이 무조건 저렴한 만두가 아니란 점을 숙지할 필요가 있다. 최근 취향에 따라서 맛과 크기 등 다양한 특색이 있는 만두를 찾는 이들이 많다. 이슈가 될 수 있는, 색다른 만두를 찾는 고객이 늘고 있다는 얘기다.

〈표2〉 지역별 만두전문점 분포도

순위	시도명	개수	순위	시도명	개수
1	서울특별시	1849	9	충청남도	271
2	경기도	1789	10	경상북도	262
3	인천광역시	403	11	전라북도	253
4	부산광역시	377	12	강원도	207
5	충청북도	316	13	광주광역시	181
6	대구광역시	301	14	전라남도	152
7	대전광역시	279	15	울산광역시	79
8	경상남도	273	16	제주도	66
계	전국	7058			

자료 : Daum 지도

(4) 만두전문점 총 투자 비용은 최소 7000~8000만원

만두전문점 창업에서 가장 많은 비용은 점포 구입비용이다. 경쟁력 있는 상권, 가시성 좋은 점포를 구하는데 들어가는 비용은 보통 보증금 5000만원 정도인데 권리금까지 포함하면 7000~8000만원의 점포구입비를 예상할 수 있다. 월임차료는 250만원 내외에서 많게는

400~500만원의 임차료를 부담하는 만두전문점도 있다.

인테리어 비용과 집기류 비용은 합해서 3.3㎡당 150만원 수준이다. 즉 특별한 콘셉트나 과도한 투자가 아니면 33㎡(10평) 기준 4000~5000만원의 자금이 소요될 수 있다.

초기운영비 1000만원을 포함해 총투자비용이 적게는 7000~8000만원, 많게는 1억5000만원 이상 들 수도 있다. 수익성을 본다면 월 임대 250만원 기준, 월평균 매출액 1500~2000만원 정도의 매출은 올려야 한다. 여기에 인건비 300~500만원, 기타 유지관리비 등을 제외하면 매출액 대비 25~30% 정도의 세전 순이익을 예상할 수 있다.

(5) 배달, 세트 메뉴 구성 등의 특화전략 필요

만두전문점의 수익구조에 대한 면밀한 검증이 필요하다. 야식 배달을 하거나 다른 아이템과의 조화로운 메뉴 구성이 있어야 비교적 안정적이다. 대형할인매장에서 흔히 보는 다양한 형태와 종류의 냉동만두는 집에서 먹기 편리하게 출시되고 있다.

매장용 만두만을 독특하게 특화하기 전에는 마트 만두와의 경쟁에서 틈새시장을 찾기가 쉽지 않다.

〈표3〉 만두 전문점의 SWOT분석

강점(Strength)	약점(Weakness)
만두는 유행을 크게 타지 않는 별식 메뉴다. 왕만두, 군만두, 찐만두, 만둣국 등 종류도 다양하다. 천연 식재료를 사용하기에 영양도 풍부하다. 창업자 입장에서는 다른 분식 아이템에 비해서 경쟁이 치열하지 않은 편이다.	수제품의 경우 식재료 등 가격 변동에도 정량·정품으로 맛을 유지해야 하기에 원가부담이 있을 수 있다. 입소문에 쉽게 노출되는 경향이 강하다.
기회(Opportunity)	위협(Threat)
영양은 풍부하면서도 건강식으로도 통한다. 남녀노소 폭넓은 수요층을 형성하고 있다. 고객의 연령층이 다양해 지속적인 수요가 발생되고 있다는 점은 만두 아이템의 기회요인이다.	만두 단일품목으로만 운영하는 것은 위험하다. 만두와 어울리는 품목 선점이 중요하며 메뉴 개발과 포장기술 등에 투자가 필요할 수 있다. 찐빵 등이 경쟁 대상이 될 수 있다.

3) 노릇노릇 바삭한 껍질에 고소한 육즙이 가득한 '중식 군만두'

맛있는 군만두의 조건은 무엇일까? 도톰한 만두피가 겉은 바삭하고 속은 촉촉하게 익어야 하고 노릇노릇 하면서도 느끼하지 않아야 한다. 풍부한 육즙을 지니면서도 돼지고기와 부추의 풍미가 잘 느껴져야 한다. 만두는 직접 빚는 중국집이 드문 만큼 잘 만든 군만두는 업소의 경쟁력이 될 수 있다.

경기도 수원에 위치한 중국만두 전문점 〈수원〉은 3대를 이어오는 화상 중식당이다. 처음에는 중국식 만두만 팔다가 단골들의 성화에 못 이겨 요리 메뉴도 추가했다.

〈수원〉의 군만두를 한마디로 표현하면 '겉바안촉(겉은 바삭하고, 안은 촉촉하다)' 이다. 앞뒤로 노릇노릇하게 구웠지만 딱딱한 느낌은 없다. 전체적으로 간이 강하지 않고 담백해서 튀긴 만두라도 덜 느끼히고 물리지 않는 것이 특징이다. 신선하고 알찬 만두소도 좋지만, 특히 중국식 만두의 매력인 만두피의 맛을 제대로 느낄 수 있어 만족도가 높다. 방문한 손님들의 맛에 대한 평가를 보면 돼지고기의 비율을 극단적으로 늘린 단단한 만두소가 꽉 들어차 있어 위아래를 튀기듯 굽는 조리방법이지만 만두를 다닥다닥 붙여놓아 사이사이 폭신한 만두피 맛을 느낄 수 있다고 말한다. 그리고 뜨거운 물로 익반죽한 100% 밀가루 만두피가 주는 식감이 아주 좋다고 강조한다.

이렇듯 만두피의 맛을 제대로 느낄 수 있게 해준 집으로 만두피가 쫀득하게 떨어지며 겉은 바삭하고 안쪽은 매끈해서 특히 만두전문점이다 보니 고기 회전율이나 채소 회전율이 좋다는 것이 만두소에서 느껴질 정도임을 인정한다.

'차원이 다른 만두' 라고 해서 주문했는데 기름 좔좔 흐르는 다른 군만두에 비해 맛이 깔끔하고 심심한 편이다. 바삭하면서도 쫄깃한 만두피에 고소한 고기 육즙이 살짝 배어 나와 진정 맛있는 만두임을 금방 느낄 수 있음을 공감한다.

II

중식 동향과 트렌드

1. 중식 메뉴가 변하고 있다

1) Take-Out, 24시간 영업 등 형태 다양화

한때 외식하면 짜장면, 우동이 제일 먼저 떠오르던 시절이 있었다. 사실 많은 외식 브랜드와 아이템들이 있지만 중식처럼 그 생명력이 긴 아이템은 드물다.

하지만 최근 외식시장의 경우 많은 업체들이 프랜차이즈화를 통해 비용을 절감하고 체계적인 공동마케팅 등을 통해 매출을 늘리는 경향이 늘어나고 있다. 중식은 조리의 어려움 등으로 프랜차이즈 시장에서 그리 큰 비중을 차지하고 있지는 않다. 그 당시 외식의 대부분을 차지했던 중식당의 메뉴들은 현재에도 그 명맥을 유지하고 성업 중에 있지만, 주로 소규모의 단독매장으로 배달을 위주로 하는 형태로 변경되어 왔다.

최근의 중식 프랜차이즈는 동네 고객만을 대상으로 판매를 하고 배달하던 지역 중심의 소규모 매장에서 탈피하여 패밀리레스토랑처럼 찾아가서 먹는 프랜차이즈 브랜드 중식당 시대가 오고 있다. 이들 공동브랜드 중식당들은 짜장, 우동 등의 일반적인 중식 개념을 탈피해 퓨전 중식, 한국식 중식 등 다양한 요리를 개발하거나, 중국

특정지역의 정통 중식을 표방하는 등 차별화를 통해 고객을 모으고 있다.

찾아가서 먹는 고급 차이니즈 레스토랑의 등장으로 과거 중식하면 은빛 철가방으로 대변되는 빠른 배달 위주의 동네 중국집들과 고가의 메뉴와 고급스러움으로 무장한 고급 중식당으로 양분돼 왔다.

24시간 중화요리음식전문점을 표방하고 있는 〈현경〉은 (주)현경24시에서 운영하는 중국요리음식전문점으로 전국에 23개 매장에서 24시간 연중무휴로 영업을 하고 있다. 이곳의 특징은 인테리어와 24시간 영업이라는데 있다. 먼저 인테리어는 단순히 공간만 디자인된 것이 아니라 메뉴에서부터 서비스, 음악, 유니폼, 테이블 프리젠테이션 등 마케팅과 하나의 콘셉트로 기획돼 사업적인 부분을 고려하고 문화공간으로서의 역할을 하도록 구성되어 있다.

〈현경〉의 메뉴 구성은 다양한 정통 중식으로 이루어져 있으며, 특히 직접 개발한 '볶음짬뽕'은 새로운 중식 트렌드로 자리를 잡아가고 있다.

개설비용은 50평 기준 2억5천만원 가량이 소요된다. 또한 한국식 정통중식당 〈동천홍〉은 (주)DCH(www.dongchunhong.com)에서 운영하는 브랜드로 중식을 한국인의 입맛에 맞춰 제공하고 있어 퓨전 중식집으로 불리고 있지만 메뉴 자체는 퓨전요리가 아닌 정통중식으로 구성되어 있다.

주식회사 장인FNC의 〈서유기짜장〉(www.suyouki.net)은 특화된 면과 소스를 조리매뉴얼에 따라 조리하면 초보창업자라도 중식 주방장의 요리실력을 발휘할 수 있다. 중식프랜차이즈는 기존 중식집과 차별화가 중요한데 일반적으로 중식 프랜차이즈로 창업을 할 때는 꼭 신경써야 할 부분이 있다. 즉, 업소만의 일품요리 차별화가 필요하며, 중식의 경우 주변 상권에 토착 중식점과의 차별성이 얼마만큼 살릴 수 있는지 점검해야 한다. 그리고 한국인의 입맛에 맞는 메뉴가 개발되어 있는지 확인해야 한다.

중식 시장에 대해 몇해 전 탕수육전문점이 중식메뉴의 틈새시장을 만들었듯이 최근 딤섬전문점으로 다소 이색적이며, 호기심을 자극하는 메뉴로 전반적인 틈새시장을 만들어갈 것으로 예측된다.

한편, 프랜차이즈 중식전문점은 일품향, 왕차이, 제이스가든, 공을 기객잔 등 14개 업체가 브랜드를 운영하고 있다.

2) 중식당 창업, 퓨전 옷 입고 웰빙 바람

시대와 세대를 불문하고 꾸준한 스테디셀러 외식코드로 자리 잡은 것이 바로 중식이다. 높은 대중성에 비해 시장의 선두에 나선 적은 없었던 중식 프랜차이즈들이 최근 콘셉트 강화, 메뉴 퓨전화 등을 통해 새로운 옷을 입고 있다. 물류 시스템 및 주방 오퍼레이션 개선을 통해 메인 조리장에만 의존하는 방식을 개선한 점도 주목할 만하다.

최근 외식업 관계자라면 누구나 주목할 만한 조사가 발표됐다. 바로 '전국 음식점 중 창업 후 생존율이 가장 높은 업종이 중식당'이라는 내용이다. 안전행정부가 조사한 자료에 따르면 서울, 인천 등 전국 12개 주요 도시 기준으로 중식당의 창업 후 5년 이상 생존율은 평균 68%에 달했다.

3) 서민형 vs 프리미엄 양극화

통계청의 2017년 기준 자료에 따르면 전국에는 약 2만1680개의 중국음식점이 운영되고 있다. 특히 중식당은 고급스러운 인테리어를 갖춘 프리미엄 중식 레스토랑과 배달 및 내점 위주의 소규모 영세업체로 양극화돼 있다.

이 중 소규모 배달형 중식당의 경우 중식이라는 표현이 무색할 만큼 한식에 가까운 메뉴 현지화가 이뤄진 것이 특징이다. 전통 중식당의 경우 약 80가지가 넘는 메뉴를 취급해야 하는 만큼 숙련된 주방장에 대한 높은 의존도를 바탕으로 운영돼 직원수급이 중식당 창업의 가장 큰 어려움으로 꼽힌다.

최근에는 이를 프랜차이즈 시스템 형태로 개선하려는 노력이 이뤄지고 있다. 주방장에게 의존하던 방식을 소스 제공 및 레시피 매뉴얼화를 통해 주방환경을 개선, 인력관리의 어려움 및 인건비 부담을 줄이고 아낀 비용은 식재료의 품질개선에 쏟아 붓고 있는 것이다. 창업에 있어서도 편의성을 높일 수 있도록 중식 업계가 경영 구조를 개신한 셈이다.

시스템 개선과 동반해 최근에는 메뉴의 경계를 없애고 융·복합화된 메뉴를 개발해 다양하게 선보이고 있다.

2. 중식에도 웰빙바람 '퓨전', '모던' 키워드

1) 선택요소

중식의 시스템화, 융·복합화와 관련한 대표적인 사례가 바로 퓨전짬뽕 전문점이다. 기존 중식의 주 소비계층은 배달을 주된 구매 루트로 하는 가족 단위, 직장인 등이 대부분이었다. 하지만 최근에게

20~30대 여성 소비자층을 공략한 좀 더 세련된 형태의 퓨전 중식 전문점이 늘고 있는 추세다.

'건강', '다이어트' 등 웰빙을 떠올리게 하는 단어들도 최근 중식 업계를 관통하는 키워드다. 중식은 일부 매장의 과도한 조미료 남용, 질 낮은 식재료 사용, 비위생적인 환경 등으로 인해 업종에 대한 고객 선입견이 적지 않다.

차이니즈 캐주얼 다이닝 〈하오커〉의 팀장은 중식을 웰빙식단으로 인지하고 즐기는 것이 중식 프랜차이즈 활성화의 실마리가 될 수 있으며, 중식을 기피하는 경향이 있는 20~30대를 위한 스토리텔링이 필요함을 강조한다. 중식당을 창업하려면 다음과 같은 여러 가지 '선택'이 필요하다.

① 독립점포 vs 프랜차이즈

② 소형화 vs 대형화

③ 정통 중식당 vs 퓨전 중식당

다양한 콘셉트를 검토해보고 그에 따른 방향성을 어떻게 설정하느냐에 따라 준비해야 하는 부분 역시 달라진다.

전문가들은 우선 이 같은 방향성을 설정하고 난 이후 콘셉트를 검토해보고 그에 다른 매장 안정화를 꾀하는 것이 중요함을 강조한다.

2) 메뉴의 간소화로 전문성 강화

한밭F&G에서 운영하는 〈홍짜장〉은 현재 150여 개 매장을 운영하고 있다. 음식점 운영 경험이 없는 초보자도 쉽게 조리할 수 있는 소스 등을 본사에서 제공하고 조리시스템을 매뉴얼화 해 가맹점 운영 편의를 도운 것이 특징이다. 특히 소량 냉장 배송의 물류시스템을 구비해 신선한 식재료로 고품질의 음식을 제공할 수 있도록 했다. 짜장과 짬뽕을 기본으로 고객들이 가장 많이 찾는 메뉴를 단품 구성해 메뉴를 간소화했기 때문에 전문주방장 없이도 운영할 수 있음은 물론, 모든 메뉴가 테이크아웃이 가능해 경쟁력이 있다.

3) 국물 특허 받은 한국식 짬뽕으로 차별화

대전의 중식 전문 브랜드 〈이비가 짬뽕〉은 유명 TV프로그램 〈생활의 달인〉의 '최강 달인' 등극, '국내 최초 짬뽕 국물 특허' 등 각종 타이틀로 유명세를 치르고 있는 브랜드다. 지난 2010년 본점을 오픈해 현재 전국에 25개 가맹점을 운영 중이다.

이비가 짬뽕의 메뉴는 단출하다. 중식의 기본인 짜장면, 짬뽕, 탕수육이 전부다. 중식의 미덕인 다양한 메뉴를 배제한 대신 핵심 메뉴에 힘을 실었다. 짬뽕 국물은 한우사골과 토종닭을 비롯해 10여 가지 한약재로 24시간 우린 국물과 굴, 바지락 등의 해산물, 신선한 채소, 태양초 고춧가루를 사용해 얼큰한 맛을 내고 있으며, 이 국물로 특허까지 받았다. 웰빙 음식을 제공하겠다는 모토로 천연조미료 제조방법 역시 특허를 획득했다. 중식당에서 제공하는 단무지 역시 무색소로 HACCP 기준을 통과한 안전한 식품을 제공하고 있다.

3. 영원한 딜레마의 승자 짬뽕 메뉴

1) 짬뽕의 진화

그 어떤 미사여구도 필요 없는 음식 중 하나가 바로 짬뽕이다. 중국에서 시작됐지만 우리나라 사람에 맞게 만들어져 오랫동안 꾸준히 사랑을 받으면서 발전해 왔다. 예전에는 특별한 행사가 있을 때만 먹을 수 있는 음식이었지만, 이제는 흔하게 끼니 또는 간식으로 먹는 일상적인 음식이 됐다. 굳이 중식 전문점에 가지 않아도 짬뽕을 먹을 수 있는 곳은 많으며, 봉지에 담아 간편하게 먹을 수도 있을 정도로 다양한 종류와 형태를 갖추고 있다.

하지만 음식이 아닌 창업 아이템으로서 짬뽕을 생각하면 다소 복잡해질 수 있다. 짬뽕을 만들더라도 중식에 대한 지식과 경험이 필요하기 때문이다. 그래서 동네 중식전문점조차도 요리는 주방장이 운영해 왔고, 요리에 대한 지식 없이 주방장을 고용해 일하는 경우에는 사장이 약자가 되고 주방장이 강자가 되는 상황도 비일비재 했다. 하지만 더 이상은 그렇지 않다. 짬뽕은 프랜차이즈화 된지 오래고 며칠 혹은 몇 주의 교육만 받으면 기본 이상의 맛을 낼 수 있기 때문이다. 이는 짬뽕에 대한 애정으로 몇 날 혹은 몇 년을 고민한 프랜차이즈 브랜드 본사가 있어서 가능한 일이었다.

우리나라에는 생각보다 많은 짬뽕 프랜차이즈 브랜드가 있고, 그보다 더 많은 가맹점이 있다. 뛰어난 가성비로 많은 가맹점을 자랑하는 브랜드, 3대째 이어온 중식 전문점을 기반으로 만든 브랜드, 짬뽕에 대한 애정에서 시작된 브랜드 등 그 성격도 제각각이다. 중식에 관심이 있었다면 짬뽕 프랜차이즈 브랜드를 알아가는 재미 또한 클 것이다. 하지만 그렇지 않더라도 수많은 메뉴 중 한 가지를 택해 발전시켜나가는 과정을 보는 것도 충분한 의미가 있다. 뛰어난 창업 아이템은 완전히 색다른 것이 아니라 너무나 익숙한 것일 때도 많기 때문인데 그 선호 이유를 보면 다음과 같이 정리할 수 있다.

첫째, 남녀노소 누구나 좋아하는 메뉴로 짬뽕과 짜장면 둘 중 하나를 선택하는 것은 누구에게나 큰 고민이다. 그런데 사실 짜장면보다는 짬뽕 선택 비율이 다소 높을 수밖에 없다. 왜냐하면 짬뽕은 '해장'이라는 특별한 목적을 갖고 있기 때문이다. 짜장면은 단순하게 그냥 먹고 싶을 수는 있지만, 짬뽕은 속을 확 풀어준다는 명확한 효과가 있다. 그렇기 때문에 흰 옷을 입고 짬뽕 국물이 튈까봐 걱정하는 여성도, 어제 과음해서 속이 부대끼는 남자도 모두 찾을 수밖에 없다. 이렇게 남녀노소 모두에게 인기가 있는 국민 메뉴이기 때문에 짬뽕 프랜차이즈 브랜드의 전망은 지금까지도 앞으로도 현상유지 그 이상일 수밖에 없다.

둘째, 질리지 않는 국물의 매콤함과 쫄깃한 면발로 칼로리가 높은 국물과 소화가 잘 되지 않는 면은 사실 건강에 좋다고 말하기는 어렵다. 하지만 아무리 몸에 좋지 않아도 맛있으면 손이 갈 수밖에 없는 것이 사실이다. 게다가 기존 중식전문점과 달리 여러 프랜차이즈 브랜드들은 끊임없이 맛을 개선하고 향상시키면서 소비자들의 입맛에 최적화하기 위해 노력해 왔다. 덕분에 매콤한 맛이 그리울 때면 일주일에도 몇 번씩 짬뽕 프랜차이즈 브랜드를 찾게 된다. 짬뽕도 여러가지 종류가 있는데 그 밖에 선택의 폭도 점점 넓어지고 있기 때문에 가족, 친구, 동료 누구와 함께 가도 편하다는 것은 고객뿐만 아니라 창업자 입장에서도 환영할 만한 부분이다.

셋째, 정통으로도 퓨전으로도 변신이 가능한 점에서 춘장이라는 특별한 소스가 정해져 있는 짜장면과 달리 짬뽕은 다양한 변신이 가능하다. 실제로 짬뽕을 퓨전화 하여 양식화한 프랜차이즈 브랜드들도 있고, 창업자와 소비자들에게도 오랫동안 사랑을 받고 있다. '면'과 '매콤함'이라는 특징만 살려서 다양하게 변신한 짬뽕은 어딘가 모르게 낯설지만, 그만큼 특별한 맛과 재미를 가진 것도 사실이다. 그래서 신메뉴를 개발할 때도 좀 더 용이하고 다양한 맛을 원하는 고객들에게도 쉽게 다가갈 수 있다. 외식업계 트렌드가 빠르게 변하는 우리나라지만, 오랫동안 국민 음식으로 사랑받아온 짬뽕에 대한 애정만큼은 쉽게 사그러들지 않을 것이 분명하다. 하지만 브랜드는 다르다. 고객의 수요와 애정에 못지않은 맛과 서비스를 충실하게 제공해야 짬뽕만큼 브랜드 역시 오랫동안 사랑을 받을 수 있기 때문이다.

2) 짬뽕 인기의 끝은 어디까지일까?

평소 중식을 즐겨먹지 않거나 짬뽕에 대해 진지하게 생각한 적이 없던 사람이나 짬뽕 전문점들을 볼 때도 특별한 생각을 갖지 않았던 사람도 의외로 꽤 많은 브랜드들이 있고, 그 브랜드들이 생각보다 많은 점포를 갖고 있다는 것에 상당히 놀라워 한다. 아, 이렇게나 많은 사람들이 짬뽕이라는, 이름도 저렴한 이 메뉴에 이렇게나 큰 열정을 갖고 있다니. 하지만 생각해 보면 짬뽕은 어느 한 순간의 인기가 아닌 오랫동안 사랑을 받아온 메뉴였기에 가능했다. 어린 시절에는 흔하게 먹을 수 없어서 좋아했고, 지금은 부담 없는 맛과 가격에 좋아하는 경우가 많기 때문이다.

얼큰한 국물은 느끼하거나 부대끼는 속을 풀어주기에 제격이고, 넉넉한 해산물과 각종 재료들은 짬뽕의 매력을 배가시켰다. 특히나 몇 년 전부터 퓨전 짬뽕의 시대를 만들어 가고 있는 몇몇 브랜드와 최근 이슈가 되고 있는 몇몇 봉지 짬뽕으로 인해 짬뽕의 폭은 더 넓어지고 있다. 짬뽕의 특성을 대표한다고 해도 과언이 아닌 매운 맛과 빨간 국물을 제외한 메뉴까지 있기 때문이다. 그것이 최근 몇 년 동안 이어진 트렌드인 것을 감안한다면 과연 인기의 끝은 어디일지 가늠조차 할 수 없다.

아마도 짬뽕 프랜차이즈 브랜드의 인기는 정점을 찍지는 않을 것이다. 그 인기는 가파른 성장곡선이나 하향곡선을 그리는 것이 아니라 평행선을 이어갈 것이기 때문이다. 그런 점에서 한결같으면서도 맛있게 발전해야 한다는 어려운 과제를 짬뽕 프랜차이즈 브랜드들이 풀어나가야 할 것이다. 어쩐지 저녁보다는 점심에 어울릴 것 같은 짬뽕. 내일 점심에 더 맛있게 짬뽕을 먹을 수 있도록 오늘 저녁 음주는 필수일 지도 모른다.

3) 요리에 중국을 담다, 중식 소스

중식 요리는 재료의 선택이 매우 자유롭고 광범위하다. 여러 가지 식재료를 배합해 풍부한 맛이 특징으로 음식 맛의 다양성 면에서 세계 최고로 손꼽힌다.

(1) 다양한 향신료에 불 맛 가미된 복합적인 풍미

중식 요리의 가장 큰 특징 중 하나는 한 가지 재료로 소스를 만드는 것이 아니라 다양한 향신료를 함께 사용한다는 점이다. 또한 소스를 만들 때 팬을 이용하고 센 불에 재료를 넣는 순서와 화력을 조절해 복합적인 맛을 내는 것이 특징이다.

중식의 기본 소스는 짠맛, 단맛, 신맛, 쓴맛, 매운맛 등 오미(五味)를 기본으로 식재료에 따라 적절하게 사용하며, 졸여서 깊은 맛을 내거나 뭉근히 끓인 후 감자 전분으로 농도를 맞춰 소스를 완성하는 것이 대부분이다. 소스에 들어가는 재료는 채 썰기, 다지기, 사각 썰기 등 일정하고 정교하게 모양과 크기를 똑같이 써는데, 재료의 종류가 무척 다양하며 가짓수가 많다.

중식 소스의 필수재료인 육수는 닭 육수가 기본으로 깊은 맛이 나는 소스를 만들 때도 닭 육수에 고급 재료를 추가해 육수를 만드는 것이 일반적이다.

중국 본토의 요리는 기름지고 전분이 많아 열량이 높으며 다소 느끼한 편이다. 반면 중국요리가 미국 사람들의 입맛을 통해 좀 더 깔끔하고 세련된 메뉴로 변신한 것이 바로 아메리칸 차이니즈 요리로, 비교적 적은 양의 기름과 전분을 사용하고 채소를 많이 활용해 칼로리가 낮은 것이 특징이다. 마찬가지로 한국에서의 중식은 한국인의 입맛에 맞게 변형된 음식으로, 인기 메뉴인 자장면과 짬뽕은 중국에서도 찾아보기 쉽지 않은 요리다.

(2) 중국 요리의 기본 식재료 및 특징

한국 요리의 기본 식재료가 고추장, 된장, 소금, 간장, 마늘, 파 등이라면 중국 요리의 기본 식재료로는 굴기름, 고추기름, 얼음설탕, 두반장, 황주, 선탕 등이다. 특히 식초, 간장(노두유), 기름(굴기름, 고추기름 등)을 중국 요리의 3대 조미료라 하는데, 식초의 경우 중국 산서성의 미초가 유명하다.

중국요리에 많이 이용하는 식재료 중 하나인 굴기름은 생굴을 소금물에 담가 발효시킨 뒤 위층에 뜬 맑은 물에 소금, 설탕, 전분, 조미료 등을 첨가해 걸쭉한 액체 상태로 농축시켜 만든 것이다. 독특한 향이 있고 짠맛과 약간의 단맛이 있기 때문에 조금만 넣어도 요리의 풍미를 높이고 감칠맛을 낼 수 있어 조림, 구이, 냉채 등에 주로 사용된다.

고추기름은 매운맛을 내는 음식을 조리할 때 사용하는 중요한 조미료다. 그 밖에도 고추에 다진 마늘, 소금, 초피, 술을 넣고 발효시킨 중국식 고추장도 매운맛을 내는 음식을 조리할 때 주요하게 사용되는데 콩가루, 새우, 쌀을 함께 넣어 감칠맛을 돋우기도 한다.

중식 디저트에 주로 사용되는 얼음설탕은 양자강 일대에서는 보약으로 이용되는 자라 돼지족의 양념으로 쓰이며, 인체를 보호하는 작용이 있다고 해서 조리할 때 많이 사용한다. 끓이면 보통 설탕보다 더 단단해지고 광채가 나는 것이 특징이다.

마파두부 등 사천요리에 빼놓을 수 없는 식재료인 두반장은 삶은 대두에 곱게 간 고추와 향신료를 넣어 발효시킨 것으로, 콩 알갱이가 남아있으며 맵고 톡 쏘는 맛을 낸다. 무침, 볶음, 조림, 드레싱으로도 이용된다.

곡류를 발효시킨 곡주인 황주(=요주)의 경우 육류를 조리할 때 많이 사용하는데, 알코올 농도가 낮고 향이 강하며, 산의 함량이 높다.

또한 아미노산이 풍부하고 맛이 부드러워 조리할 때 넣으면 비린내를 제거하고, 맛과 향을 증진시키는 작용을 한다.

선탕은 조리 중에 사용하는 일종의 특수 조미료로 상어 지느러미와 같은 산해진미나 맛이 담담한 음식은 꼭 선탕으로 조리해 맛의 기품을 더한다.

(3) 중식 소스를 활용한 퓨전 요리 개발

최근 한국에는 중국 본토의 다양한 요리를 전면에 내세운 새로운 중국집들이 인기를 끌고 있다. 썬앳푸드에서 론칭한 〈시추안하우스〉의 경우 얼얼한 매운맛이 유명한 중국 서부 지역의 사천요리를 맛볼 수 있는 사천요리전문점으로 차별화했다. 이곳에서는 중국 현지에서 직접 들여온 10여 종의 고량주와 사천 요리 특유의 강한 향과 매운맛이 특징인 30여 종의 다양한 메뉴를 선보이고 있다.

1958년 대만에서 시작한 세계적인 딤섬레스토랑 〈딘타이펑〉도 지난 2005년 국내에 처음 선보인 이래 국내 7번째 매장으로 명동중앙점을 오픈하였다. 명동중앙점은 최근 관광객을 비롯한 고객 수요가 급증하면서 기존 명동점에 이어 같은 지역에 두 번째로 선보인 매장이다. 그런가하면 1900년 중국 상하이 근교 난시앙 지역에 개업한 상하이식 샤오롱바오의 원조인 딤섬전문점 〈난시앙〉도 최근 SG다인

힐과 MOU를 통해 한국시장에 재진입하였다. 난시앙은 지난 2004년 한국에 진출해 10월 청담동과 광화문에 2개 매장을 운영했으나 국내 고객들과 오랜 인연을 맺지 못했다. 하지만 최근 고급 중식 시장이 성장하면서 다시 한 번 국내 외식업계의 문을 두드린 것이다.

그 밖에도 중국식 화궈요리 전문점 등 고급 중식시장이 최근 꾸준한 인기를 끌고 있다.

(사)한국중식요리협회는 사람들의 입맛 변화와 더불어 최근 중국 유학파와 중국 본토에서 온 조리사들이 늘어 국내에 제대로 된 중식을 선보이기에 좋은 조건을 갖췄다"며 "이런 호기를 맞아 일반인들에게 짜장면과 탕수육으로 대표되는 중식요리의 한계를 뛰어넘는 맛을 선보여야 할 때라고 말한다.

이런 분위기 조성에 따라 국내에도 다양한 중식 소스를 접할 기회가 많아졌다. 오뚜기에서는 중화소스의 대명사인 이금기 소스를 수입 판매하고 있으며, 대상, CJ제일제당, 풀무원 등 국내 유수의 식품 기업들도 중화요리를 쉽게 만들 수 있다.

III

한국에서의 퓨전 중식메뉴
틈새성공전략

1. 중식브랜드의 성공모델

1) '꿈의 매출' 달성 성공비결 〈이비가짬뽕〉

한우사골, 토종닭, 해산물, 한약재 등을 넣고 24시간 고아낸 육수에 청양산 고춧가루를 넣어 진하면서도 깔끔하고 칼칼한 맛이 개운한 〈이비가짬뽕〉의 국물은 생각만 해도 군침이 돈다. 국산 생돼지 등심을 매일 새 기름으로 튀겨 부드럽고 쫄깃한 찹쌀탕수육 또한 일품이다.

(1) '상생', 지속경영 가능케 하는 핵심 철학

〈이비가짬뽕〉은 ㈜이비가푸드의 짬뽕브랜드로, 방송 프로에서 '짬뽕의 달인'과 '탕수육 최강달인'으로 등극한 이곳 대표가 설립해 창업 5년만에 100개 가맹점을 구축했다. 대전 유성구에 있는 본점은 하루 매출이 1000만원을 넘고, 이어서 생긴 대전시청점은 일 매출 750만원을 기록하는 등 대박행진으로 이어가고 있다. 하루 매출 1000만원은 중소형 요식업계에서는 '꿈의 매출'로 불린다. 좌석 60개를 기준으로 좌석당 하루 약 20회전, 정확히 1250명(짬뽕1인분 8000원)이 다녀갔다는 얘기다.

〈이비가짬뽕〉의 성공비결은 '맛' 때문일까? 〈이비가짬뽕〉은 국내 최초 '짬뽕국물'과 '숙취해소용 기능성 면' 관련 특허를 보유할 정도로 차별화된 경쟁우위를 확고히 구축했다. 천연조미료를 사용하고, 면은 알카리수를 이용해 점성·탄성을 강화했다. 굴은 경남 통영에서, 고추는 충남 청양에서 직접 받는 등 좋은 식재료를 사용하고 있다.

이러한 성공 뒤에는 맛 외에도 '음식은 건강이고 과학이며 예술이다'라는 슬로건과 함께 '상생'이라는 대표의 경영철학이 굳건히 자리하고 있다. '상생이라는 기업철학만이 지속성장을 가능하게 한다'는 모호를 가지고 세계에서 가장 맛있는 짬뽕집이 되는 것이 1차 목표로 하고 있다. 고객들에겐 언제나 만족을 주는 '맛있는 기업'으로, 가맹점주들에겐 성공을 돕는 '고마운 기업'으로, 지역사외엔 꾸준한 봉사활동을 통해 '따뜻한 기업'으로 기억되는 것을 목표로 하고 있다.

〈이비가짬뽕〉은 2012년 국내 최초로 짬뽕국물 특허를 받았다. 이 때문에 대전 지역에서 가맹점 요청이 쇄도했지만 이곳 대표는 가맹점주의 상권 보호를 위해 대전지역에서 9개까지만 출점시켰다. 단기간에 돈을 벌려면 더 많은 가맹점을 내줄 수도 있었지만 '가맹점이 살아야 본사가 산다'는 경영원칙으로 가맹점 수를 철저히 관리한 것이다.

가맹점 관리는 프랜차이즈 성공의 핵심이다. 한때 성공신화를 이룬 고려대 앞 명물 〈영철버거〉의 직접적인 폐업 원인도 무리하게 직영점을 냈기 때문이다. 지난 2000년 고려대 후문 리어카 노점에서 시작한 〈영철버거〉는 1000원이라는 저렴한 가격 덕분에 학생들의 입소문을 타고 날개 돋친 듯 팔려나갔다. 그 결과, 노점을 시작한지 2년만인 2002년 길거리를 벗어나 안암동에 본점을 차렸고, 2007년 프랜차이즈 사업을 본격화하면서 가맹점이 80여개로 늘어났다. 그러나 무리한 직영점 확장과 운영으로 직영점이 잘 안되다 보니 지인들의 돈을 빌려 경영하면서 이자에 이자가 붙어나 결국 폐업에 이르렀다.

〈이비가짬뽕〉은 이런 핵심을 파악하고 가맹점 수를 철저히 제한함과 동시에 가맹점주들로만 구성된 '이비가짬뽕 발전협의회'도 구성해 모든 중요한 결정은 협의회를 통해 결정하고 있다.

(2) '훌륭한 목적' 뒷받침 안 되면 모래 위의 성과 같아

〈이비가짬뽕〉은 국내산 최고의 재료만을 엄선해 사용한다. 고추는 매우면서 단맛이 나는 청양산 고추를 해마다 대량으로 구매한다. 이비가푸드의 1년 청양고추 소비량은 70여톤으로 가맹점수 증가에 따라 물량이 늘어나면서 거래처를 목면 지역에서 산동 4개면 지역으로 확대했다. 해마다 거듭되는 농산물 가격 하락과 판로가 없어 좋은 고추를 헐값으로 넘겨야 하는 등 어려움을 겪는 농가들은 안정적인 판로 확보 덕분에 생산에만 전념할 수 있게 됐다.

충남 공주가 고향인 이곳 대표는 '지역사회와 나눔을 통해 함께하는 고객 행복경영을 실현했다' 는 공로로 2013년 제1회 대한민국 사랑 받는 기업(중소기업청장상)으로 선정되기도 했다.

〈이비가짬뽕〉의 성공비결은 대표의 음식철학과 경영철학이 결합된 작품이다. 특히 '상생이라는 기업철학만이 지속성장을 가능하게 한다' 는 대표의 신념은 대전의 작은 짬뽕집을 큰 프랜차이즈 기업으로 성장시키는 밑거름이 됐다.

2) 파스타 느낌의 면발, 골라먹는 4단계 매운맛 〈짬뽕지존〉

최근 외식업계에 짬뽕을 아이템으로 한 프랜차이즈 브랜드들이 많이 등장하고 있다. 하지만 이중 어떤 브랜드가 오래 갈지는 미지수다. 〈짬뽕지존〉은 그중에서도 가장 눈에 띄는 브랜드 중 하나다. 충북 음성의 태양초 고춧가루를 활용한 100% 국물, '알덴테' 느낌의 면발, 그리고 4단계로 골라먹을 수 있는 매운맛 요리. 간단한 메뉴

구성으로 회전율과 오퍼레이션 효율성을 모두 잡으며 높은 회전율을 보이고 있는 곳이 바로 〈짬뽕지존〉이다.

(1) 회전율 높은 면 요리, 4단계 매운맛 골라먹는 재미

창업을 위한 아이템 혹은 프랜차이즈 브랜드를 고르는 기준은 다양하다. 그중에서도 꼭 한 가지 생각해봐야만 할 것은, 그 아이템이 얼마나 오래 갈 수 있느냐의 여부다. 아이템의 수명이 오래 가기 위해서는 해당 아이템이 대중에게 진근한 것이어야만 한다. 어릴 때 먹어본 것 혹은 '아주 가끔'이 아니라 언제든 찾아가 먹을 수 있을 만큼 심리적 거리가 가까워야만 한다. 보쌈과 김치찌개, 된장찌개, 삼겹살 등 수많은 아이템이 있지만 짜장과 짬뽕도 그중 하나다.

이곳의 메뉴구성은 단순하다. 지존짜장과 지옥짜장, 지존짬뽕과 지옥짬뽕, 순두부짬뽕과 지옥순두부짬뽕 등의 메인메뉴가 6000~8000원대의 가격. 여기에 찹쌀탕수육(大2만1000원, 中1만7000원, 小1만2000원), 그리고 고기만두, 김치만두, 지옥김치만두 등의 사이드메뉴가 5000원 내외의 가격으로 구성돼 있다. 특히 메인메뉴는 고객이 매운맛을 4가지 강도로 선택할 수 있어 취향에 따라 골라먹을 수 있는 형태라든가 메뉴 플레이팅, 매장 인테리어 등은 젊은 층까지 끌어들일 수 있는 트렌디 요소들을 곳곳에 갖추고 있기 때문에 아이템의 안정성 측면에서는 흠잡을 데가 없다.

게다가 면 요리는 여타의 다른 아이템에 비해 식재료 원가가 덜 들어가는 편이며 조리, 오퍼레이션 과정에 있어서도 크게 번거로운 것이 없어 예비 창업자들이 매장을 운영하기에도 좋다. 면 요리 특성상 매장을 방문한 고객들의 회전율이 높다는 건 〈짬뽕지존〉만의 또 다른 강점이기도 하다.

(2) 즉석조리 시스템, '알덴테' 식감의 독특한 면발이 강점

천안 두정점에서는 '지옥짬뽕(8000원)'이 전체 주문의 50% 이상을 차지한다. 여기에 작은 공깃밥 하나가 제공되는데, 2인 고객이 방문했다고 가정하면 '지옥짬뽕' 2인분과 만두(5000원 내외) 혹은 찹쌀탕수육(小1만2000원)을 주문할 가능성이 높다. 이렇게 계산했을 때 테이블 당 객단가는 2~3만원 내외. 만두를 테이크아웃해가는 비율도 25% 선이다.

무엇보다 〈짬뽕지존〉의 강점은 즉석조리 시스템이다. 고객의 주문이 들어오자마자 면을 뽑아 가장 최상의 상태로 짬뽕을 낸다. 고객에게 가장 맛있는 상태의 음식을 제공할 수 있도록 배달 또한 하지 않는다. 매장에서 직접 반죽하여 뽑아내는 면은, 일반 짬뽕 면과 살짝 다른 식감을 선사해준다. 약간 덜 익은 듯 꼬들꼬들한, 파스타의

'알덴테(al dente)' 느낌이 날 수 있도록 쫄면과 약간 접목한 전용 가루를 사용하는 것이 특징이며 고객 취향에 따라서는 호불호가 갈릴 수도 있다. 물론 파스타를 좋아하는 젊은층 고객들에게는 짬뽕과 '알덴테' 느낌이 "색다르고 꽤 괜찮다"는 반응으로 이어질 가능성이 높다.

짬뽕 국물은 충북 음성의 태양초 고춧가루만을 100% 사용해 칼칼하고 시원하다. 여기에 추가되는 해산물은 껍질을 전혀 사용하지 않고, 쌈뽕 면과 함께 간편하게 먹을 수 있도록 손질하여 낸다. 음식 양을 많아 보이게 하기 위해 해산물 껍질을 그대로 내는 중식전문점이 일부 있는데 〈짬뽕지존〉의 이러한 선택은 철저히 고객 입장에서 생각한, '한 그릇의 짬뽕도 루이비통처럼' 내고자 하는 운영철학을 여실히 보여주고 있다.

(3) 색다른 짬뽕, 오랜 생명력 유지할 수 있는 아이템

〈짬뽕지존〉의 메뉴는 즉석에서 조리해 내는 탓에 주방에서의 작업비중이 높은 편이다. 하지만 각 가맹점을 운영할 때는 저온 숙성한 면과 소스를 공급받아 사용하기 때문에 간단한 조리만으로도 운영이 가능하다. 전문적인 조리인력이 필요 없으니 매장의 서비스적인 측면에 더욱 집중할 수 있다.

매장의 동선과 구조 또한 고객과 직원들의 편의성을 고려했다. 우선, 매장 내 회전율을 높이기 위해 테이블과 의자로 홀 전체를 구성했으며 단체 고객을 위해서는 룸 형태의 공간을 별도 마련했다. 만두를 빚는 공간은 투명한 마감재를 활용해 매장 입구 쪽에 배치함으로서 고객들로 하여금 '믿고 먹을 수 있다' 는 느낌을 받게 만들었다. 주방 직원들에게는 모두 위생 마스크를 착용하게 했을 뿐만 아니라 매장의 전체적인 인테리어를 깔끔하고 모던하게 꾸며 놓음으로써 기존의 중식전문점과는 또 다른 콘셉트의 브랜드로 인식되도록 했다.

불황이 장기적으로 지속되는 가운데 식재료 원가절감, 오퍼레이션의 효율성, 매장의 회전율을 높이기 위한 노력 또한 계속해서 이어지고 있다. 〈짬뽕지존〉은 면 요리, 그중에서도 대중에게 친숙한 짬뽕 메뉴를 주요 아이템으로 한 간단한 메뉴구성으로 효율적인 오퍼레이션까지 가능케 했으며 4단계로 골라먹는 매운 맛, 깔끔하고 모던한 인테리어로 젊은 층 고객들의 발길까지 끌어들였다. 무엇인가 굉장히 특이하지는 않지만 길게 가져갈 수 있는 생명력을 지닌 아이템으로써 〈짬뽕지존〉은 꼭 눈여겨 볼만한 브랜드다. 〈짬뽕지존〉은 현재, 전국에 20여개의 매장을 운영 중이다.

현재 브랜드 론칭은 2013년 8월에 했으며 매장현황은 직영점 6

개, 가맹점 17개이며 총 개설비용 1억2000만원 내외, (99㎡(30평)기준)이며 전화는 1599-0159 이다. (www.짬뽕지존.com).

2. 중식 메뉴의 특징과 경영전략

열심히 발품을 팔아 합리적인 가격에 마음에 드는 상권을 구매했나면 이제는 메뉴를 고민해야 한다.

1) '선택과 집중' 한 가지 메뉴로 승부

여기서 말하는 한 가지 메뉴는 '가짓수'만 말하는 게 아니다. 가장 잘할 수 있는 메뉴면서 동시에 고객이 줄 서서 먹을 수밖에 없을 만큼 매력 있는 한 가지여야 한다. 그렇다면 고객을 부르는 매력적인 단일 메뉴는 어떻게 만들면 될까?

원가를 조금만 더 투자해 같은 메뉴라도 특별하게 내는 방법이 있다. 원가를 많이 들이면 들일수록 남는 게 없다고 생각하겠지만, 그만큼 가격을 제대로 받으면 된다. 예를 들어 6000원짜리 냉면을 판다고 가정할 때 편육 조금에 달걀만 올린 평범한 냉면이 아닌, 원가

1000원 정도를 더 투자해 진주냉면 스타일로 육전과 채소를 넘칠 만큼 푸짐하게 제공하는 것이다. 단 가격은 추가로 들인 원가만큼 올린다. 근처 냉면집들이 6000원을 받는다면 7000원을 받고 푸짐하고 맛있는 냉면을 내는 것이다.

2) 메뉴 경쟁력과 가격 경쟁력이 핵심

중화요리 전문점은 우리 주변에서 가장 친숙한 아이템 중 하나이다. 그 중에서도 짬뽕과 짜장면에 특화시킨 브랜드가 관건이다. 어찌 보면 누구든지 쉽게 만들 수 있는 메뉴를 중심으로 중화요리 전문점을 재구성한 아이템이라 경쟁력이 없다는 생각도 든다. 매우 대중적이고 충분한 수요가 있지만, 곳곳에서 너무 쉽게 접할 수 있고 아이템의 특성상 진입장벽이 상당히 낮다는 측면에서는 미래에 대한 불확실성이 매우 큰 아이템으로 분류할 수도 있다.

그러나 기본을 지키는 것이 가장 접근하기 쉽고 차별화도 가능하다. 무엇보다도 상품경쟁력과 가격경쟁력을 확보해야 하는 것이다. 다만 최상의 맛을 내기보다는 가격 대비 괜찮은 맛과 품질이 강조되어야 한다. 특히 중화요리 무한경쟁 시대에서 가격의 중요성은 매우 크다. 결국 다양한 가격차별화 전략이 시도될 수 있어야 한다. 또한 지속적인 광고·홍보의 중요성을 강조하지 않을 수 없다.

이 아이템은 단순히 간판보고 들어오는 고객만으로는 한계를 느낄 수밖에 없다. 지속적으로 신규고객을 창출하려는 노력이 필요하고, 체계적인 고객관리와 고객만족 서비스 등을 통해 더 자주 방문하는 매장을 만들어야 하며 고객과의 능동적인 소통이 꼭 필요한 아이템이다.

역시 이 사업의 가장 큰 위험은 무한경쟁을 감수해야 한다는 점이다. 전통적인 중화요리 전문점과의 경쟁도 그렇지만, 최근에는 유사한 개념으로 만들어진 프랜차이즈도 많이 찾아볼 수 있다. 진입장벽이 상대적으로 낮은 아이템이기 때문이다. 이들과의 경쟁에서 얼마나 차별화 할 수 있을까에 대한 의문이 있을 수밖에 없다. 표준화된 맛과 저렴한 가격 정책만으로 지속가능한 차별화 경쟁력을 창출하는 것은 그리 쉽지 않기 때문이다.

3) 우리나라의 중식을 대표하는 고급메뉴개발 승부

전통 짬뽕, 퓨전 짬뽕 등 짬뽕 전문 프랜차이즈 브랜드가 많아지고 있다. 주방장에 의존했던 과거와 달리 프랜차이즈 본사의 합리적인 시스템으로 어렵지 않게 운영할 수 있게 됐다. 하지만 짬뽕 전문점은 메뉴의 종류와 조리 방법이 더 까다로울 수 있어 고민해야 할 부분도 더 많다.

짜장면과 짬뽕 그리고 탕수육으로 대표되는 중식은 가장 대중적인 음식 중 하나이다. 그런데 대중적이라는 의미가 저렴하다는 느낌이 강한 편이다. 특히 배달이 주가 되는 경우에는 더욱 그렇다. 호텔 중식당 등에서는 중식이 매우 고급스러운 음식인데, 일반적인 의미로는 그렇지 않아서 무척 아쉽다. 그래서 그런 고정관념을 깨보려는 시도가 필요하다. 아직은 부족하지만 점점 더 나아질 것이다.

중식 중에서도 특히 짬뽕의 매력은 우리나라 사람들의 입맛을 사로잡을 수 있는 최고의 메뉴다. 한국인이 좋아하는 매운 맛이 강한 데다가 해물, 채소 등으로 신선함까지 갖고 있으니, 그래서 유난히 여러 메뉴 중에서도 짬뽕의 인기가 제일 높다. 몇 년 전부터는 퓨전 스타일도 많이 나와서 다양하게 짬뽕이 활용되고 있는데 긍정적으로 보고 있다. 결국 짬뽕의 인기를 반증하는 것이기 때문이다.

중식 중 가장 맛있었던 또는 인상적이었던 짬뽕은 신라호텔의 중식당인 〈팔선〉의 짬뽕을 들 수 있다. 2만원을 훌쩍 넘으니 저렴하다고는 할 수 없지만 고급 재료를 써서 재료 본연의 맛이 느껴지는 게 정말 좋았다. 국물에 불맛을 입혀서 더 맛있게 즐길 수 있다.

셰프나 중식 전문가가 운영하는 중식 전문점과 짬뽕 프랜차이즈 브랜드의 맛의 차이는 무엇일까, 다른 중식 메뉴와 비교해 봤을 때 짬뽕은 만들기 쉬운 것 중 하나이다. 프랜차이즈 브랜드로 음식을 만들려면 즉시 요리를 하는 것보다는 저장시스템이 기본이 돼야 한다. 이는 주문을 받으면 바로 짬뽕을 만들고 있다. 그렇게 해야 시원하고 매콤한 맛을 함께 느낄 수 있다. 하지만 프랜차이즈 브랜드들은 그보다는 짬뽕 국물을 오래 끓이면서 깊은 맛을 만든다. 셰프가 만드는 짬뽕이나 프랜차이즈 브랜드에서 만드는 짬뽕이나 일장일단이 있나. 각자 나름대로의 매력이 있는 것이고, 그것을 결정하는 것이 바로 소비자의 입장이다.

짬뽕 프랜차이즈의 장단점은 모든 시스템이 제공돼 편하게 오픈할 수 있고, 최적화된 시스템을 바탕으로 누구나 할 수 있다는 점이다. 예전처럼 요리에 자신이 없으면 오픈을 생각조차 할 수 없다거나 주방장의 눈치를 보면서 하지 않아도 되기 때문이다. 반면 본사의 제한 때문에 자율성이 떨어지게 된다. 식재료나 메뉴 등에 대해 소신을 발휘하지 못해 아쉬운 점이 많다. 물론 이 부분은 짬뽕 프랜차이즈 브랜드뿐만 아니라 모든 프랜차이즈 브랜드가 갖고 있는 한계이기도 하다.

짬뽕 전문점을 창업하는데 주의해야 할 점으로는 현재 우리나라에는 짬뽕 브랜드가 많은 편이다. 그래서 예비 점주들이 누구나 할 수 있다고 더 쉽게 생각하는 경향이 있다. 하지만 중식 주방은 쉬운 곳이 아니다. 그 열기나 일의 난이도 같은 것은 다른 식당과 차원이 다르다. 개인 창업도 프랜차이즈 가맹점도 점주가 주방을 책임질 수 있는 실력은 필수다. 뜨겁고 힘든 주방 업무를 이겨낼 수 있는지 반드시 확인하는 과정이 필요하다. 프랜차이즈 브랜드를 고를 때 콘셉트를 잘 봐야 한다. 신메뉴는 얼마나 나오는지, 관리는 잘 되는지 등을 꼼꼼하게 살펴봐야 성공적으로 운영 할 수 있기 때문이다.

우리나라에서 짬뽕 그리고 중식이 나아가야 할 방향은 중식이 좀 더 고급화돼야 한다. 그런데 우리나라의 상황에서는 고급스러운 메뉴를 만들 수가 없다. 배달을 하는 중식 전문점에서는 보통 음식의 원가를 15%로 잡고 있다. 4000원 짜리 짬뽕을 배달시켜 먹는다면 그 재료는 1000원도 안 되는 거다. 그런 상황에서는 절대 좋은 재료를 사용할 수가 없다. 그렇다고 마진을 안 남기고 좋은 재료를 쓴다면 그 매장은 머지않아 문을 닫게 된다. 적절하게 코스트 관리를 하면서 맛있고 고급스러운 중식 메뉴를 접할 수 있어야 한다.

모든 일이 그렇지만 창업 역시 하는 만큼 결과가 나온다. 많이 생각하고 많이 움직이면 좋은 아이디어가 떠오를 수 있듯이 상권을 생각할 때도, 브랜드를 생각할 때도, 메뉴를 생각할 때도, 운영을 할 때도 많이 생각하고 움직이면서 상황에 따라 대처하고 변화를 주는 것이 중요하다.

여기서 대처나 변화라는 것은 업종을 바꾼다거나 매장을 옮기는 큰 것만이 아니다. 새로운 메뉴를 개발하고 매장의 콘셉트를 정하는 것도 대처나 변화다. 이런 부분을 많이 고민하고 생각한다면 아무리 힘든 시기라고 해도 잘 이겨낼 수 있을 것이다.

(1) 한가지 메뉴로 순익 1200만원 달성한 〈달콤짬뽕〉

해산물을 '산'처럼 쌓아주는 쑤짐한 짬뽕으로 하루 12회전을 하는 〈달콤짬뽕〉의 경우 2014년 10월에 오픈한 〈달콤짬뽕〉은 92.56㎡(28평) 규모로, 오픈할 때 총 8000만원이 들어갔다. 보증금 1000만원에 권리금 2500만원, 월세 100만원 그리고 나머지 시설·집기 비용, 재료비, 인건비 등을 합친 금액이다. 오픈 초창기에는 고정비도 감당하기 어려울 정도로 고전했지만 현재 순익 1200만원 이상을 꾸준하게 벌어들인다. 직원도 홀과 주방 포함해 9명이나 두고 있다.

경기도 파주시 시청로 17에 소재한 〈달콤짬뽕〉은 짬뽕 하나로 월 매출 6000만 원 이상을 올리는 집이다. 이곳은 신의 한수 해물을 그릇 밖으로 흘러넘치도록 푸짐하게 담아주는 센스에 짬뽕집에서 고르곤졸라 피자를 서비스로 제공한다는 점이 특징이다.

(2) 마라탕전문점으로 특화해 성공한 〈후통〉

〈후통〉은 그 비싸다는 홍대-상수동 번화가 상권에서 49.59㎡(15평) 매장을 8000만원에 오픈했다. 매장이 위치한 곳은 홍대에서 상수동으로 이어지는 메인 먹자골목에서 우측으로 50m가량 떨어진 상가의 2층이다. 중심가의 뒷골목이긴 하지만 그래도 유동인구가 어느 정도 받쳐주는데다, 2층이라 권리금과 월세도 같은 상권 내 1층에 비해 30% 이상 저렴한 편이다. 이 상권에선 최소 2억 원 이상은 있어야 가능하다는 부동산 의 말보다 자신의 안목과 발품을 믿었던 게 결국 좋은 결과를 불러들인 셈이다.

서울시 마포구 양화로6길 99-9에 소재한 〈후통〉은 신의 한수로 흔하지 않은 마라탕에 대중적인 색채를 입혀 '마라탕전문점' 으로 키워드를 선점하고 있다.

3. 중식의 시스템화 실현과 아메리칸 중식 대표 브랜드

1) 피에프창(P.F.Chang' s)

1993년 미국 애리조나주에 1호점으로 시작한 피에프창은 아메리칸 중화요리를 대표하는 글로벌 브랜드로 성장하여 현재 미국에 210개, 전 세계 20개국에 65개의 매장을 두고 있다. 한국은 아시아의 첫 진출국으로 코엑스몰과 잠실 롯데월드몰에 각각 입점했다.

한국에서 중식은 흔히 '감'이 필요한 분야로 불린다. 상상을 초월하는 매뉴얼로 핸드메이드 중식을 구현한 피에프창 코리아 총괄주방장은 화교 '사부' 밑에서 '면판'부터 제법 오랜 시간 중식을 배워온 경력자다. 중식 전문가들이라면 한 번은 거쳤다는 국내 유명 중식당 〈홍보석〉에서 총주방장으로 8년 정도 있다가 그는 미국으로 홀연히 떠났다. 시스템화된 중식을 배우고 싶었기 때문이다.

이곳의 주요 메뉴로는 스위트크리스피포크, 파이어갈릭포크(각각 1만9000원), 핸드폴디드크랩완탕(1만원), 창스치킨누들스프(1만5000원), 쿵파오쉬림프(2만8000원), 솔트&페퍼깔라마리(1만4000원)가 있으며 서울시 송파구 올림픽로 300 롯데월드몰 5층에 소재하고 있다.

2) 현대식 탕수육과 시그니처 어향동고로 〈일일향〉

어향동고로 유명한 〈일일향(日日香)〉은 최근 서울 논현동에 2호점을 오픈하면서 매출에 가속도가 붙었다.

이곳은 기존 중식당에서는 잘 보기 힘든 어향동고라는 시그니처메뉴로 '어향동고 맛집' 키워드를 선점했던 것이 신의 한 수였다. 표고버섯 사이에 다진 새우 살을 두툼하게 채워 넣고 튀겨 매콤새콤하면서도 부드러운 어향소스를 올려내는데 표고버섯 특유의 향과 탱글탱글하게 씹히는 새우의 질감, 또 바삭한 튀김옷의 삼박자가 잘 어우러져 맥주 안주로 탁월하다.

짬뽕과 볶음밥 등 완성도 높은 식사메뉴는 어향동고로 얻은 유명세를 잘 받쳐주고 있으며, 강남 일대 유명 맛집 블로거들 사이에서 입소문이 나면서 일일향은 강남의 대표적인 중식당으로 포지셔닝하고 있다. 탕수육도 반드시 맛봐야 할 메뉴 중 하나다. 바삭바삭한 튀김옷의 옛날식 탕수육이 아닌 두툼한 고기에 튀김옷은 얇은 현대식 탕수육으로 한 입 베물면 촉촉한 육즙이 입안에 가득 배어나 단골들 사이에선 '육즙 탕수육'으로 불린다. 간장이나 케첩 대신 담백하고 맑은 소스를 내는 것도 특징이다. 일일향은 맥주와 중식요리의 조합을 잘 끌어낸 주역으로 기름진 중식을 꺼리던 여성 내점률을 높이는 데 성공했다.

주요메뉴는 어향동고(3만5000원), 전가복(6만3000원), 유린기(2만7000원), 탕수육(2만5000원), 짜장면(5500원), 일일메뉴(6000원), 옛날짬뽕(7500원)이며 서울시 강남구 논현로168번길 25 동우빌딩 1층에 소재하고 있다.

3) 웰빙 짜장면 정식 '대박' 〈러·시·안 (樂.喜.安)〉

러시안은 기존 중식당에서 흔히 볼 수 없었던 웰빙 콘셉트를 구현한 집이다. 한국처럼 중국에도 어머니가 해주는 가정식이 있듯, 홈메이드식 차이니즈를 표방한 것이다. 그래서 러시안의 모든 요리에는 조미료를 최대한 절제한다. 가격이 좀 비싸더라도 좋은 재료를 사용해 MSG가 없어도 충분히 맛있다.

대표직인 메뉴가 '이가짜장' 과 '비취면' 이다. 이가짜장은 일반 춘장 대신 '우리밀 춘장' 을 사용하는데 우리밀 춘장에는 캐러멜색소가 전혀 들어가지 않는다. 기존 짜장보다 색깔이 묽고 맛도 심심한 편이라 처음 먹을 땐 생소해하지만 자극적이지 않고 먹을수록 고소해 갈수록 주문율이 높아지고 있다.

비취면은 시금치면이다. 시중에 판매되는 시금치면이 많지만 러시안은 싱싱한 시금치를 직접 갈아 밀가루와 함께 직접 반죽해 면을 뽑는다. 손이 많이 가고 여름엔 더 빨리 상한다는 단점이 있지만 웰빙 콘셉트의 홈메이드식 메뉴구성에 주 고객층인 주부나 가족단위 고객의 반응이 상당히 좋다.

1인 기준 9900원에 해파리냉채, 오향장육, 게살수프, 꽃빵, 유산슬, 마파두부, 탕수육, 식사까지 제공하는 '매(梅) 정식' 은 가성비 높은 세트메뉴로 점심시간에만 90% 이상이 주문한다.

주요메뉴는 매(梅) 정식(평일 점심 9900원, 평일 저녁·주말·공휴일 1만3000원), 이가짜장(6000원), 옛날탕수육(中향 1만8000원, 大동 2만5000원)이며 서울시 서대문구 가재울로4길 53에 소재한다.

4) 완성도 높은 짬뽕 브랜드파워 〈초마〉

송탄의 〈영빈루〉에 뿌리를 두고 있는 〈초마〉는 홍대에서 독보적인 짬뽕 맛집으로 미식가들의 사랑을 받고 있다. 초마는 짬뽕 브랜드를 대중적으로 풀어내고 다양한 상품화에 주력해 하나의 브랜드로서 아이덴티티를 확보해 가고 있다는 부분에서 주목할 만하다.

홍대 짬뽕 맛집 〈초마〉는 2015년 5월 신세계백화점 영등포점에 입점한 후 이마트타운 일산점, 뉴코아아울렛 강남점까지 연달아 오픈하면서, 동네 맛집에서 대형복합쇼핑몰까지 입지를 굳히고 있다. 모든 매장은 직영 체제로 운영하고 있으며 대표가 모든 레시피를 진두지휘한다.

최근에는 이마트 PB(Private Brand) 제품으로 '하얀짬뽕' 과 '초마짬뽕' 을 출시했다. HMR(Home Meal Replacement, 가정용 간편식) 제품이 즉석에서 내는 짬뽕의 불맛을 적절히 살려낼 수 있을까

했는데 더 많은 사람들이 초마 짬뽕을 맛볼 수 있으면 좋겠다는 생각으로 이곳 대표는 레시피의 전반적인 과정에 참여해 초마 짬뽕의 맛을 재현하는 데 집중하고 있다. 직영 매장 확장과 함께 다양한 PB상품 개발로 젊은층의 수요를 늘려가고 있다. 이곳의 주요 메뉴는 짬뽕(8000원), 짬뽕곱빼기(9000원), 짬뽕밥(9000원), 하얀짬뽕(8000원), 유니짜장(7000원), 탕수육(1만4000원), 깐쇼새우(3만원)이며 서울시 마포구 와우산로 72에 소재하고 있다.

5) 사천식 요리와 광동요리 특화 〈서래향〉

〈서래향(瑞來香)〉은 단순히 '중국요리'가 아닌 지역별 요리를 특화해 전문성을 살린 중식당이다. 고추와 갖가지 향신료로 매운맛을 내는 사천요리와 신선한 해물을 바탕으로 중국 전통 양념과 서양식 소스를 가미한 광동요리가 대표적이다.

서래향의 가장 독보적인 메뉴는 '라즈지'다. 라즈지는 사천 지역의 대표 요리로 닭고기를 마른 고추와 '화자오'로 불리는 산초를 넣고 건조하게 볶아 내는데 입이 얼얼할 정도로 매운 맛이 특징이다. 매운맛과 짠맛, 화자오의 화한 맛이 어우러져 도수 높은 술과 잘 어울린다.

한국에서 라즈지를 정통으로 하는 집은 오래된 화상중식당이 아니고서는 드물다. 서래향은 기존 중식당에 있는 평범한 메뉴구성으로는 차별화가 어렵다고 판단하여 중국요리 중에서도 지역별 특성을 잘 살린 대표요리를 구성해 화상중식당 못지않은 전문성과 개성을 살렸다.

통통하게 살 오른 동죽과 매콤하고 감칠맛 나는 블랙빈 소스가 조화를 이룬 '블랙빈소스조개볶음'도 서래향의 인기 메뉴다. 계절메뉴로 판매하는 '냉이탕면'은 맑은 국물에 각종 해산물과 냉이를 듬뿍 올려 내는 면 요리로 개운한 국물에 쌉쌀한 냉이 향이 어우러져 매력적이다. 최근에는 제철 굴을 사용한 메뉴와 어린이들을 위한 '떡볶이 짜장면' 등을 선보였다.

이곳의 메뉴는 라즈지(3만5000원), 블랙빈소스조개볶음(3만원), 불도장(5만원), 런치코스(2만5000~3만5000원), 디너코스(4~12만원), 간짜장면(8000원)이며 서울시 서초구 사평대로26길 48 미성빌딩 2층에 소재한다.

6) 웰메이드 난자완스와 간짜장의 명물 〈홍명〉

서울 강남의 〈홍명〉은 평범한 중식당에서 독보적인 메뉴개발로 강남 일대에서 핫한 중식당으로 뜬 매장이다. '홍명'이라는 상호로 한 자리에서만 8년을 운영했던 이곳 대표는 갈수록 고객이 줄고 식당 운영에 정체기가 오는 듯하다는 판단에 한동안 작정하고 벤치마킹만 다녔다.

아무리 손맛 좋은 집이라도 내세울 만한 대표 요리 한두 가지가 있어야 오래간다는 것을 파악하고 평소 단골들에게 인기가 좋았던 '난자완스'와 중국집의 기본 중 기본인 '간짜장'을 특화했다.

홍명의 난자완스는 마치 가성에서 어머니가 해주는 음식처럼 기본 재료에 충실하면서 자극적이지 않고 담백한 것이 특징이다. 소고기와 돼지고기를 한데 뭉쳐 간장 베이스 소스에 지글지글 구워내는데, 속에 모차렐라 치즈를 넣어 부드럽고 고소한 맛을 살린 것이 특징이다. 고기를 민찌형태로 갈지 않고 다져 식감이 탱글탱글하다. 난자완스는 낮 시간에도 판매율이 높다. 간짜장은 싱싱한 양파와 큼직하게 썬 돼지고기를 센 불에 춘장과 함께 볶아내는데 직접 만든 고추기름을 넣고 볶아 매콤하면서도 고소한 맛이 돈다. 면 위에 달걀프라이를 얹어내는 것도 포인트다.

이곳의 주요메뉴는 간짜장(7500원), 수제비짬뽕(7000원), 잡채볶음밥(9000원), 난자완스(3만5000원), 오향장육(3만원), 탕수육(2만3000원), 오품냉채(4만원)이며 서울시 강남구 논현로131길 10에 소재한다.

7) 옛날식 정통 탕수육으로 승부 〈대가방〉

　〈대가방(戴家坊)〉은 서울 3대 탕수육 맛집으로 명성이 자자한 곳으로 대장리 오너셰프가 운영하는 중식당이다. 대장리 셰프는 명동에 있는 세종호텔, 중식당 4대 문파 중 하나인 〈홍보석〉, 63빌딩 고급 중식당 〈목련〉등을 거치면서 중식업계에서 실력을 인정받았다.

　대장리 셰프는 1996년에 강남구 신사동에서 대가방이라는 이름으로 중식당을 오픈했다. 처음에는 6개 테이블을 가진 소규모의 음식점이었다. 대장리 셰프를 아는 단골 고객들이 주로 식당을 찾았지만 2000년대 중반부터 대가방의 '탕수육'이 인터넷을 통해 입소문 나면서 지금의 논현동으로 확장 이전했다.

　테이블마다 기본으로 하나씩 올라 있는 대가방의 탕수육은 케첩이 들어가지 않은 투명한 소스다. 대가방 탕수육은 '부먹(부어먹는)과 찍먹(찍어먹는)'을 고민할 수도 없게 처음부터 부먹으로 나오는데 옛날식 전통 탕수육 레시피를 고수해 소스와 함께 볶아서 내놓기 때문이다. 소스에 비벼 내도 튀김의 바삭한 상태가 오래가며 돼지고기 누린내가 전혀 없고, 밀가루 피가 두껍지 않다. 바삭함을 유지하는 비법은 튀기는 온도와 시간에 있는데 주문이 들어오면 그때부터 탕수육을 튀기기 시작한다. 중식당에서 기본이 얼마나 중요한지를 정확히 보여주는 곳이다.

주요메뉴는 탕수육(3만5000원), 대가탕면(8500원), 광둥식탕수육(2만2000원), 해물짬뽕(8500원), 해물짜장(8500원)이며 서울시 강남구 선릉로145길 13 럭스웨이빌딩에 소재한다.

IV

중식브랜드 프랜차이즈
우수경영사례

1. 10년을 한결같이 최고의 자리에서 〈홍콩반점0410〉

2006년에 론칭해 약 11년 동안 짬뽕만 판매했던 〈홍콩반점0410〉은 그야말로 짬뽕 프랜차이즈 브랜드의 시작이다. 백종원 대표가 짬뽕을 좋아해서 시작했지만, 지금은 전국 200여개의 가맹점을 가진 명실공히 최고의 짬뽕 브랜드가 되었다. 기획 의도를 갖고 시작한 브랜드이기 때문에 아직도 〈홍콩반점0410〉은 성장 중이다.

1) 짜장없이 시작한 짬뽕 전문점

2017년을 맞이한 〈홍콩반점0410〉은 매년 25~30개의 가맹점을 오픈하면서 꾸준히 성장해 온 중식 프랜차이즈 브랜드다.

2006년에 논현동에서 33㎡(10평) 정도의 가게로 시작했는데, 처음에는 기대와 우려가 컸다. 하지만 〈홍콩반점0410〉의 시작부터 함께 한 브랜드사업팀 팀장은 백종원 대표의 큰 기획의도가 있었기 때문에 걱정하지 않았다. 당시 주위에서는 무모한 아이디어라고 했다. 짜장면 없이 짬뽕만 판매한다는 것은 물냉면 없이 비빔냉면만 파는 것과 같다고 말할 정도였다. 하지만 백종원 대표의 생각은 달랐다. 메뉴를 간소화해서 주방 의존도를 낮추면 된다고 생각한 것이다. 양

많고 맛있게 그리고 저렴하다면 문턱이 낮아져서 고객들도 많이 찾을 것이라는 예상이었다.

이러한 시도는 성공적이었다. 그동안은 중식전문점을 하고 싶어도 기술이 없어서 할 수 없었는데, 〈홍콩반점0410〉으로 인해 근본적인 문제가 해결된 것이다.

하지만 이것이 전부는 아니었다. 처음에는 짬뽕과 탕수육만 판매하지만 브랜드가 자리를 잡고 안정권에 들어가면 그 다음부터 메뉴를 한두 개씩 추가하는 것이 바로 기획의도였던 것이다. 실제로 4년 전부터는 짜장면을 판매하기 시작했고, 지금은 여름 특선 메뉴까지 10여종의 메뉴를 판매하고 있다.

2) 양적 성장보다 질적 성장 중시

현재 〈홍콩반점0410〉은 200여개의 매장이 오픈했는데, 다른 브랜드와 달리 영업 조직 없이 이룬 성과다. 미국에도 12개의 매장이 있다. 그러나 어느 한 순간 급격히 늘어난 매장이 아니라 일정하게 성장해 왔다. 통계적으로 보면 상담했던 분들의 1% 정도만 오픈을 한다. 진심을 다해 본업으로 운영할 사람을 찾기 때문이다. 그래서 창업 설명회 때 현실적으로 가감 없이 설명하고 실제로 설명회 후에 다시 직장생활을 열심히 하겠다는 메일이 오기도 한다. 다른 브랜드와 달리 〈홍콩반점0410〉은 권장 평수가 따로 없다. 지역이나 상권의 특성상 각각 다르기 때문이다. 오피스 상권이라면 점심시간을 고려해서 좀 넓은 곳이 좋고, 늘 사람이 많은 번화가라면 좀 작아도 괜찮다. 무조건 얼마 이상이라고 공간을 제한하는 건 단순한 생각이기 때문이다. 요즘은 경기가 좋지 않아서 점주의 부담을 줄이기 위해 소형 평수를 권하고 있지만, 그것 역시 상권을 감안해서 하고 있나. 가장 중요한 건 성공적으로 매장을 운영하는 것이다.

3) 가족 같은 가맹점의 마스터 점주

백종원 대표의 변하지 않는 목표는 가족같은 가맹점을 만드는 것이었다. 그래서 본사와 점주 간의 관계가 매우 친밀하다. 1년에 두 번씩 해외연수를 다니면서 (주)더본코리아의 가맹점을 방문하기도 하고 맛집 투어를 하면서 좋은 아이디어를 얻으려는 노력도 아끼지 않는다. 가끔 점주들과 함께 가면 부담스럽지 않냐는 말을 듣곤 한다. 하지만 그때만큼 진실된 이야기를 나눈 적이 없는 것 같아 며칠 동안 함께하면서 이런저런 이야기들을 하다 보면 역시 점주들과 가족 같은 느낌이 들기도 한다.

매장 운영에 있어서 가장 중요한 것은 바로 점주. 그래서 점주가 주방의 모든 업무를 마스터하는 것을 기본으로 한다.

〈홍콩반점0410〉은 낮은 가격에 양질의 음식 제공으로 고객이 매우 많다. 그래서 점주가 모든 것을 총괄할 수 있는 능력을 갖고 있어야 한다. 본사에서는 오픈 교육, 신입직원 교육 등을 제공하면서 점주가 최대한 편하게 일할 수 있도록 돕고 있다.

큰 그림은 아직도 끝나지 않고 계속 되고 있다. 처음 브랜드를 론칭했을 때 이미 구상은 끝났기 때문에 앞으로는 언제 풀어 나갈지만 남은 것이다. 소비자들은 새로운 것에 대한 갈증이 있다. 그래서 그 상황에 맞춰 전통적인 중식 메뉴도, 퓨전적인 메뉴도 함께하면서 〈홍콩반점0410〉의 새로운 메뉴가 계속 나올 예정이다. 매년 가을마다 오픈기념 행사를 성대히 치루고 일본, 인도네시아 등에 진출하는 등 해야 할 일은 많지만, 항상 점주와 고객을 배려하면서 처음 그렸던 큰 그림을 더 알차게 완성해 나가고 있다.

이곳의 핫 메뉴는 짬뽕으로 오징어, 돼지고기, 신선한 채소를 센 불에 볶아낸 뒤 육수를 넣어 끓인다. 중식에서 느낄 수 있는 불맛이 매우 독특하며, 기름지거나 느끼하지 않은 담백한 맛에 남녀노소 모두 편하게 즐길 수 있다.

성공 포인트는 맛, 양, 가격 등 가성비 최고의 음식과 백종원 대표가 직접 만드는 신메뉴, 본사에서 무료로 지원하는 직원 교육이다. 서울시 강남구 봉은사로1길 39 유성빌딩 4~6층에 소재한다.

2. 자꾸만 '입이 가' 는 한국전통 짬뽕의 맛 〈이비가짬뽕〉

100년 이상 된 메뉴 중에서 앞으로도 남녀노소 모두에게 계속 인기를 이어갈 수 있는 메뉴는 무엇이 있을까? 이것이 지금의 〈이비가짬뽕〉을 만든 단초였다. 누구나 좋아하고 오래 갈 수 있는 아이템에 분위기와 맛까지 확실하게 잡은 이곳은 짬뽕 브랜드 중 가장 많은 가맹점 수를 자랑하는 곳 중 하나다.

1) 기존 중식과 차원이 다른 브랜드

매운 음식을 좋아해도 혹은 그렇지 않아도 짬뽕은 짜장면과 함께 최고의 롱런 외식 아이템이다. 좋아하지 않는 사람을 찾기가 더 힘들 정도로 밥으로 먹어도 해장용으로 먹어도 늘 개운한 맛을 주기 때문이다. 〈이비가짬뽕〉을 이끌고 있는 사장은 무엇보다 분위기를 바꾸기 위해 노력해왔다. 약 6년 전에 짬뽕을 메인으로 하는 브랜드를 만들기로 결정한 뒤, 가장 먼저 '중국집'이라는 이미지를 바꾸기 위해 여러 가지 방법을 찾았다. 그 첫 번째가 바로 오픈 주방이었다. 깔끔하고 위생적이라는 느낌을 주기 위해서다.

중식전문점에서 오픈 주방은 혁신적이었지만, 두 번째로 인테리어 역시 파격적이었다. 중국 음식을 메인으로 하고 있지만, 젊은 사람들도 와서 편하게 느낄 수 있도록 카페 분위기로 꾸민 것이다. 세 번째는 품질을 위해 배달을 하지 않는 것이다. 많은 중식 전문점들이 매출을 위주로 배달을 하는데, 배달을 하게 되면 다른 문제는 차지하더라도 음식이 식어 버리기 때문에 질이 떨어질 수밖에 없다. 배달 매출을 포기하더라도 음식의 질을 높여서 충성 고객들을 많이 만들겠다는 강한 의지였던 것이다. 진정성이 있었기 때문인지 고객들은 〈이비가짬뽕〉의 진심을 알아주었고, 꾸준하게 사랑을 받으면서 지금까지 성장할 수 있었다.

2) 합리적인 목표, 전국 가맹점 300개

전국에 200여개가 넘는 가맹점을 확보하고 있는 〈이비가짬뽕〉은 큰 평수가 많다. 서울에서는 쉽지 않은 165~232㎡(50~70평)대가 대부분이다. 현재 서울에 오픈한 역삼점도 약 198㎡(60평) 정도의 규모지만, 앞으로는 99㎡(30평)대 전후로 매장을 오픈해 나갈 계획이다. 다른 업종과 달리 중식은 제면기, 화덕 등이 필요하기 때문에 주방 면적이 넓은 편이다. 그래서 99㎡(30평) 정도는 돼야 어느 정도의 매출을 기대할 수 있다. 본사와 가맹점 모두 만족하고, 효율성과 수익성을 모두 얻을 수 있는 방법을 찾기 위해 본사에서 직영점으로 계속 테스트를 하고 있기도 하다.

다른 브랜드와 달리 〈이비가짬뽕〉은 처음부터 가맹점 수를 정해 놓은 것도 특징 중 하나다. 전국에 300개를 오픈하면 더 이상 매장을 늘리지 않겠다는 것이다. 이는 상권을 보호하기 위한 것으로, 인구 대비 매장 수를 정해 놓고 지역 분할까지 이미 끝냈을 정도다. 지금도 무엇보다 관리에 충실하고 있지만, 300개 매장을 오픈한 이후에는 가맹점 관리만 충실히 하면서 〈이비가짬뽕〉의 맛을 좀 더 널리 알려갈 예정이다.

3) 최고의 자리를 지키기 위한 아낌없는 노력

최근에는 고객이 짬뽕 중에서도 좀 더 다양한 선택을 할 수 있도록 신메뉴도 출시했다. 뿐만 아니라 드라마 협찬과 SNS를 기반으로 한 다양한 이벤트를 진행하면서 더 많은 사람들에게 작게는 〈이비가

짬뽕〉을, 크게는 짬뽕의 매력을 알리기 위해서 노력 중이다. 이벤트 경품도 대형 프랜차이즈답게 규모가 큰 편이다.

더 맛있는 메뉴를 만들기 위한 노력도 아끼지 않는다. 주방 전문 인력이 아니어도 쉽게 조리 할 수 있는 매뉴얼을 만들었고, 국물보다 면이 식감에 더 큰 영향을 주기 때문에 최고의 면을 만들기 위한 노력도 진행 중이다. 면 굵기, 찰진 정도, 혼합 비율, 제면기, 칼날 등 모든 부분을 고려해 누가 먹어도 최고의 맛을 느낄 수 있는 면을 만들고 있다. 끊임없이 연구하고 있기 때문에 지금도 시시각각 변하고 있는 면은 〈이비가짬뽕〉의 가장 큰 자랑이기도 하다. 이외에도 모든 그릇은 주문 제작하여 고객들이 탐을 낼 정도로 인상적이다.

가장 인기가 높은 공기밥 그릇은 초반에는 판매해 달라는 고객들의 요청을 많이 받을 정도였다. 지금까지 해왔던 것 이상으로 더 많은 노력과 발전을 목표로 하고 있다. 최고의 자리를 지키기 위해서는 당연한 부분이기도 하다. 든든한 한끼 식사로도, 가벼운 간식으로도, 얼큰한 해장으로도 어울리는 〈이비가짬뽕〉은 손보다 입이 먼저 가는 맛과 품질을 지켜나가고 있다.

이곳의 핫 메뉴는 이비가짬뽕으로 알카리수로 반죽한 생면과 한우 사골을 베이스로 만든 국물은 특허를 받을 정도로 개성 있고 특별한 맛을 갖고 있다. 생굴, 바지락, 양파, 배추 등으로 맛이 깔끔하고 담백하다. 짬뽕 메뉴를 시키면 작은 공기밥이 나와 알찬 한 끼를 즐길 수 있다.

그 밖의 성공 포인트를 보면 중식 전문점답지 않은 깔끔하고 편안한 인테리어, 맛은 물론 식감까지 책임지고 있는 특허 받은 국물, 면과 메뉴의 단순화 전략으로 더 맛있게, 더 알뜰하게 제공하는데 있다. 소재지는 대전 서구 계룡로 199 이비가빌딩 5층이다.

3. 오피스 상권에서 '맛' 으로 인정받은 〈교동짬뽕〉

수많은 식당들이 있는 오피스. 매일 점심을 먹는 직장인들로 가득하지만, 가격과 맛은 물론 분위기까지 중요한 영향을 미치기 때문에 이곳에서 살아남는 것은 쉽지 않다. 〈명가 교동짬뽕〉은 강남 오피스 상권을 중심으로 성장하고 발전하면서 오피스 상권 최강의 짬뽕 프랜차이즈 브랜드로 자리 잡았다.

1) 맛과 시스템으로 이뤄낸 매출 신화

분식집을 운영하던 이곳 대표는 좀 더 합리적이면서도 전문적인 메뉴를 만들어보고 싶어 했다. 그래서 결정한 것이 짬뽕으로, 전수창업을 통해 짬뽕의 노하우를 익히기 시작했다. 1년 가까이 준비하고 드디어 만족스러운 레시피를 만들어 2013년에 〈명가 교동짬뽕〉을 론칭하였다. 가장 맛있는 상태의 메뉴를 정형화시키는 건 쉽지 않았지만, 1호점을 오픈하니 고객들이 먼저 알아봤다. 덕분에 1호점인 남부터미널점을 오픈하고 4개월 뒤에 뱅뱅사거리점을 오픈해 기대 이상으로 높은 매출 때문에 매우 힘들었지만, 보람을 보았다.

이곳의 매출액을 보면 거짓말이 아닐까 의심을 할 정도로 매우 높다. 주로 오피스 상권에 위치해 있기 때문에 한계가 있는데도 이렇게 뛰어난 매출을 올릴 수 있었던 첫 번째 이유는 바로 메뉴의 맛이다. 일단 맛있기 때문에 자주 찾을 수밖에 없는 것이다. 두 번째는 시스템이다. 선불 시스템과 면 종류가 메인이기 때문에 테이블 회전율이 빠를 수 있다. 이러한 시스템은 좋은 효과를 얻어 〈명가 교동짬뽕〉을 오픈한 매장들은 대부분 기대 이상의 수익을 얻고 있다. 세 번째는 오픈형 주방이다. 홀에 앉아 있으면 주방에서 무엇을 하는지 다 보이는데, 특히 불쇼 등을 할 때면 고객 반응이 매우 좋다. 오픈 주방은 깔끔하다는 인상도 주지만 불쇼 등으로 쇼맨십까지 제공하기 때문에 더욱 좋아한다. 덕분에 오피스 상권뿐만 아니라 주거지나 번화가에서도 좋은 반응을 얻고 있다.

2) 직영점으로 검증된 맛과 성공

〈명가 교동짬뽕〉이 직영점을 위주로 오픈한 이유는 창업자 입장에서 먼저 생각하고 연구할 수 있기 때문이다. 직영점을 연이어 오픈하고 성공하면서도 프랜차이즈 브랜드로 만들어보겠다는 생각은 한동안 하지 않았다. 몇 달 차이로 강남에 매장이 생기고 장사가 잘되는 것을 보면서 친인척들이 가맹점을 내달라고 조르기 시작했다. 결국 하나둘씩 오픈하게 됐고, 벌써 40여개가 넘는 매장을 갖게 됐다. 이곳 대표는 프랜차이즈 성공의 첫 번째 조건은 오피스 상권에서 살아남는 것이라고 말한다. 오피스 상권에서 인정받은 맛이라면 전국 어디에서나 성공할 수 있기 때문이다. 사람들이 기피하는 1층 이외의 매장에서 성공할 수 있는 이유이기도 하다. 두 번째 조건은 모든 매장이 같은 맛을 낼 수 있는 환경을 만드는 것이다. 즉 전수창업을 통해 비슷한 브랜드를 프랜차이즈화한 경우가 몇 번 있지만 대다수 실패했다. 모든 매장이 원래의 맛을 갖지 못했기 때문이다.

3) 1년 사계절 변함없는 노력

맛으로 인정받았지만 지금도 맛에 대한 노력은 아끼지 않고 있다.

직영점에서 일하는 셰프들과 함께 더 맛있는 메뉴, 더 건강한 메뉴를 만들기 위해 늘 최선을 다하고 있다. 덕분에 오피스 상권에서 1년 사계절 큰 변동 없이 매출을 유지할 수 있다. 전체 매장 수가 많지 않은데도 다점포로 운영하는 경우도 적지 않다. 특히 〈명가 교동 짬뽕〉에서 여성 창업자가 많은데, 여성이 들기에는 무거운 웍을 들고 열심히 일하면서 배우는 모습을 볼 때면 존경스러울 정도다. 사실 여성 창업자는 중식 주방에 들어가기가 어렵다. 웍이 너무 무겁기 때문이다. 하지만 여성 창업자들도 열심히 배우고 노력하는 모습을 보면서 미래가 기대될 때가 많다.

이곳의 주요 핫 메뉴는 짬뽕으로 전수창업을 받은 만큼 원래의 맛을 잘 살린 국물과 면 맛이 매우 뛰어나다. 특히 고명으로 부추와 돼지고기를 넣어 영양소를 극대화한 것이 특징이다. 인기 메뉴 중 하나인 탕수육도 전용 밀가루와 튀김가루를 이용해 맛도 식감도 좋다.

성공 포인트로 일주일에 한 번 이상 방문하는 단골이 만족하는 맛, 물류 관리 등 점주의 편의를 최대화한 시스템, 강남부터 신도시까지, 테스트형 직영점의 꾸준한 오픈을 들 수 있다. 주소는 서울시 강남구 역삼로3길 7 SK허브블루 1508호이다.

4. 3대를 잇는 전통 아름다운 맛 〈미미짬뽕〉

많은 프랜차이즈 브랜드들이 맛을 강조하지만 셰프들이 직접 메뉴를 만들고 연구하는 곳은 많지 않다. 게다가 대표가 셰프이고 3대를 이어온 맛이라면 더욱 흔치 않다. 할아버지, 아버지에 이어 중식을 하면서 〈미미짬뽕〉이라는 브랜드를 만든 이곳 셰프는 그런 예외로 성공을 만들어내고 있다.

1) 체계적으로 만드는 아름다운 맛

아름다울 미(美), 맛 미(味) 한자 두 자로 네이밍한 〈미미짬뽕〉은 3대째 이어온 가업에서 시작된 브랜드다. 이곳 대표는 대구와 전국에서, 할아버지는 인천에서, 아버지는 부산과 대구를 바탕으로 중식을 하고 있다. 어려서부터 주방 일을 도왔고 그러다보니까 자연스럽게 관심이 생겼고 이 일이 자신의 일이라는 생각이 들어 시작하게 되었다고 한다. 그래서 지금껏 한 번도 의문을 갖지 않고 더 잘해야지, 더 발전시켜야지 하는 마음가짐으로 일할 수 있었다.

그동안 해왔던 일이지만 좀 더 사업적인 마인드로 중식을 해보고 싶었다는 대표는 가장 대중적인 음식인 짬뽕을 위주로 〈미미짬뽕〉을 론칭했다. 하지만 주방장이 중요한 중식의 특성상 프랜차이즈화하는 것은 쉽지 않았다. 처음에는 본사에서 주방장을 관리하기도 했지만, 곧 완벽한 소스가 만들어지면서 점주들을 교육시키는 것만으로 주방 업무가 가능해졌다. 다른 브랜드와 달리 백화점, KTX 역사 내에 입점할 수 있는 것도 〈미미짬뽕〉만의 노하우다. 중식당은 요리의 특성상 연기가 많이 날 수밖에 없다. 대부분 지하에 위치한 백화점 식품 매장에 짬뽕 매장이 들어갈 수 없었던 이유다. 하지만 완벽하게 소스화 되어 있기 때문에 문제가 없다. 특수상권으로 들어갈 수 있다는 장점이 또 하나 추가된 것이다.

2) 직접 운영하는 식품공장에서 만드는 소스

현재 〈미미짬뽕〉의 매장은 전국에 40여개다. 균일한 맛을 위해 직접 식품공장을 설립하고 오랜 연구 끝에 만족스러운 결과를 얻을 수 있었다. 중식이 프랜차이즈화 된다고 해도 요리에는 관심을 가져야 하는데, 처음에는 점주들이 이 부분을 이해하지 못하는 경우가 많았다. 치킨이나 커피처럼 레시피대로 하면 된다고 생각한다는 것이다. 기술적으로는 맛있는 요리를 만들 수는 있겠지만, 중식인 만큼 요리에 대해서 좀 더 애정을 갖고 노력하면 훨씬 더 나은 맛과 시스템을 가질 수 있다. 그러한 마음가짐을 가질 수 있도록 본사에서도 최대한 돕고 있다.

이곳은 다른 짬뽕 프랜차이즈에 비해 메뉴의 가짓수가 많은 편이다. 3명의 전문 셰프가 꾸준히 연구를 하면서 신메뉴도 계속 만들어 내고 있다. 하지만 그렇다고 해서 조리가 어려워지는 것이 아니라 오히려 더 체계적으로 할 수 있는 기회가 될 수 있다.

기존의 기름진 중식에서 좀 더 건강을 생각하는 메뉴를 만드는 것도 〈미미쌈뽕〉의 매력 중 하나다. 기존 중식에서는 몸에 좋지 않은 돼지기름을 주로 많이 사용하고 있지만 〈미미짬뽕〉은 불포화 지방상인 오리기름을 사용하고 있기 때문에 고소한 맛도 나면서 체내에서는 배출이 된다. 그렇기 때문에 먹을 때도 부담 없고 건강에도 도움이 된다는 점에서 경쟁력으로 작용하고 있다.

3) 맛으로 승부하는 〈미미짬뽕〉

편안하고 깔끔한 분위기를 만든다는 일반적인 콘셉트 외에 정형화된 인테리어가 없다는 것은 〈미미짬뽕〉의 개성 중 하나다. 점주의 입장에서 인테리어를 하기 때문에 정형화되기가 어렵다. 어떤 점주는 편안한 분위기를 원하고 어떤 점주는 기존 인테리어를 최대한 활용하고 싶을 수도 있기 때문이다. 그래서 점주의 입장에서 선택을 할 수 있도록 하고 있다. 그것이 바로 본사와 점주의 상생이라고 생각하기 때문이다.

대표의 할아버지, 아버지가 해왔던 것을 〈미미짬뽕〉을 통해 제대로 보여주고 싶다는 목표는 변함이 없다. 바로 맛으로 승부하고 싶은 것이다. 그래서 프랜차이즈 사업 역시 열심히 그리고 성실하게 하고 있다.

이 같은 열정은 공부로 이어져 현재 프랜차이즈 산업협회에서 이사직을 맡고 있으며, 대학에서 관련 강의도 하면서 실력을 높이는 것은 물론 후배들에게도 많은 도움을 주고 있다.

우리나라에는 아직 중식을 제대로 배울 수 있는 곳이 없으므로 한국적인 중식을 배울 수 있는 전문학교를 세워 인력을 배출하는 곳을 만드는 것이 〈미미짬뽕〉이 이루고 싶은 가장 큰 꿈이기도 하다.

이곳의 주요 핫 메뉴인 미미짬뽕은 오리 육수로 국물을 만들기 때문에 걸쭉해서 더 맛있다. 또 짬뽕 한 그릇에 낙지 한 마리가 통째로 들어가 있어 식감은 물론 보기에도 좋다. 매운 단계를 1~5단계로 조정할 수 있기 때문에 다양한 매운 맛을 즐길 수 있다.

성공 포인트로는 3대를 이어올 정도로 숙련되고 고급스러운 메뉴와 오리 육수와 오리 기름을 이용해 건강한 맛, 점주의 의견을 최대한 반영하는 인테리어를 들 수 있다.

현주소는 대구광역시 동구 동부로26길 33(신천동)에 소재한다.

5. 다양하게 즐기는 짬뽕의 맛 〈짬뽕상회〉

짬뽕을 좋아하는 사람들은 많지만 한정된 메뉴인만큼 아쉬울 때가 있다. 그럴 때 〈짬뽕상회〉의 짬뽕은 단비같은 존재다.

1) 매장 운영에서 브랜드 론칭까지

평범한 직장이었던 이곳 대표는 평소에도 프랜차이즈에 대해 관심이 많았다. 그러나 창업을 하는 것보다는 브랜드를 만드는 것에 관심이 많았다. 그러한 관심은 〈짬뽕상회〉를 만드는 바탕이 되었다.

처음에는 몇몇 프랜차이즈 브랜드를 운영하기도 했다. 하지만 다른 사람의 브랜드보다는 자신만의 브랜드를 운영해 보고 싶었고 그래서 어떤 메뉴가 좋을까 하는 고민을 하며 많은 정보를 찾아보던 도중 짬뽕이 떠오른 것이다. 가장 대중적인 음식 중 하나이면서 40년을 넘게 인기를 얻고 있다는 것이 선정 이유이다.

2013년 4월 드디어〈짬뽕상회〉 1호점을 오픈하게 됐고, 현재는 중국까지 매장을 오픈할 정도로 인기를 얻고 있다. 하지만 아직까지는 해외 진출보다는 국내 가맹점 모집 및 관리에 더욱 신경을 쓰고 있다. 프랜차이즈 브랜드 운영을 하면서 가장 중요시하는 것은 바로 관리다. 프랜차이즈 브랜드를 운영하면서 가장 힘든 것이 매장 관리이다. 점주가 매장 관리만 잘 한다면 기본 이상은 할 수 있다.

2) 힘든 시간을 이겨낼 수 있는 열정

〈짬뽕상회〉는 충무로에서 1호점을 시작했지만, 지방에도 많은 매장이 있다.

지방에 매장이 없던 초창기에는 브랜드의 콘셉트와 줄을 서 있는 모습만 보고도 계약한 점주들이 간혹 있었다. 가맹 오픈을 상담하고 싶어하는 사람 있으면 직접 지방으로 내려간다. 계약이 확정되지도 않았는데 직접 내려온 열정에 감동하는 분들도 있고, 실제 계약으로 이어진 경우도 적지 않았다. 그런 열정을 함께하면서 매장도 성공적으로 운영하면서 소개를 많이 해 주어 지방 가맹점들이 많은 편이다.

이러한 열정이 가능한 이유는 바로 가족같은 직원들이 있기 때문이다. 창업 이전부터 10여년을 함께 했기 때문에 서로의 마음을 잘 알 수 있다. 아르바이트를 하다가 직원이 된 경우도 있기 때문에 브랜드에 대한 애정이 크다는 것 역시 지금의 〈짬뽕상회〉가 가능한 이유이기도 하다.

3) 편안한 인테리어와 다양한 메뉴

사실 요리가 많기 때문에 점수들이 힘들어하기도 한다. 다른 곳은 짬뽕, 짜장면, 탕수육 정도지만 이곳은 저렴하게 먹을 수 있는 요리만 해도 몇 종류가 된다.

처음 창업을 시작하는 이들의 착각중 하나는 오픈하자마자 잘 될 것이라 기대를 하는 것이다. 하지만 현실은 그렇지 않다. 마음을 굳게 먹고 잘 해나가겠다는 열정을 갖고 운영해야 한다. 〈짬뽕상회〉의 맛과 노하우를 믿고 따라준다면 좋은 결과를 얻을 수 있다고 믿고 있다. 〈짬뽕상회〉의 '상회' 라는 단어에서는 향수를 느낄 수 있다. 입학식이나 졸업식처럼 큰 행사가 있을 때나 먹을 수 있었던 짜장면과 짬뽕을 떠올리며, 그때의 행복하고 즐거운 맛을 언제나 〈짬뽕상회〉에서 느끼기를 희망한다.

이곳의 핫 메뉴는 부대짬뽕으로 모든 짬뽕에 고기 육수를 사용하고 있으며 돼지고기가 들어가기 때문에 더 맛있다. 의정부에서 유명한 의정부부대찌개를 모티브로 해 꾸준히 인기를 끌고 있는 부대짬뽕은 해물을 좋아하지 않는 사람들에게 특히 인기 있다.

또한 이곳의 성공 포인트로는 전국 점주들과 함께하는 대표와 본부장의 열정, 홍합짬뽕부터 부대짬뽕까지 다양한 짬뽕 메뉴와 서울에서 지방까지 고른 매장 분포를 들 수 있다.

〈짬뽕상회〉는 경기도 의정부시 오목로225번길 140 성산타워 10층 (민락동 805-2번지)에 소재하고 있다.

6. 중국거상 교귀발의 정신 계승 〈Mr.객잔〉

교귀발은 중국 청나라시절 불운과 좌절을 극복한 당대 최고의 거상이다. 그는 두부장수로 시작해 상인의 기본덕목인 '정성 성(誠), 믿을 신(信), 옳을 의(義)'를 바탕으로 200여년에 걸쳐 후세인들의 상업과 학문의 길을 열어 줄 정도로 큰 발자취를 남겼다. (주)성공창업의 이곳 대표는 그러한 정신을 이어받아 〈Mr.객잔〉안에 모두 녹여냈다. 특히 가맹점과 본사의 관계에 있어 부모와 자식 이상의 교감을 나누고 있다.

1) 화려한 부활의 날갯짓

〈Mr.객잔〉의 브랜드파워는 여전히 남아 있었지만 시스템적으로 문제가 심각했다. 전과 같은 천편일률적인 상태로는 현 트렌드를 따라갈 수 없다고 생각해 과감한 도전을 시도했던 것이다.

2) 뿌리 깊은 나무

이곳 대표는 가맹점과 본사의 관계를 뿌리와 나무에 비유한다. 뿌리가 없는 나무는 금세 죽는다는 의미로 그만큼 가맹점을 탄탄하게 해야 한다고 역설한다. 가맹점포를 위해 노력하는 것은 10개든 20개든 심지어 100개 일지라도 모두 다 돌아온다는 것이다.

〈Mr.객잔〉이 바로 뿌리를 깊게 뻗어나가게 하기 위해 탄생했다. 그러나 가맹점 확장의 의미와는 전혀 다른 맥이다. 가장 중요시 하는 부분은 점주와 가족관계 이상의 끈끈한 유대관계 형성이다.

3) 〈Mr.객잔〉의 힘, 점주가 증명

〈Mr.객잔〉가맹점을 오픈한 점주는 주점운영 15년차 베테랑이다.

주변 지인의 수많은 만류를 뿌리치고 〈Mr.객잔〉을 선택했다는 점주는 이곳 대표의 열정에 두 손을 들었다.

그냥 괜찮아 보이는 벽지도 기어이 콘셉트에 맞지 않는다며 직접 사와 붙일 정도이다. 오픈 공사기간 내내 매장에서 살다시피 했다. 더욱이 현재 점포가 2층에 위치한데다 불경기임에도 불구하고 주말엔 200~300만원의 매출을 기록한다며 〈Mr.객잔〉의 힘을 대변했다.

이곳의 성공 포인트 전략은 크게 세 가지로 요약할 수 있다.

예비창업자들이 이 브랜드를 선택해야 하는 이유로 수많은 예비창업자들이 외식업을 택하지만 요리를 잘하는 점주는 드물기 때문이다. 〈Mr.객잔〉은 수제원팩시스템을 구축해 누구라도 손쉽게 〈Mr.객잔〉만의 메뉴를 만들 수 있어 운영이 수월하다. 또한 〈객잔차이나〉를 운영하며 누적된 데이터를 통해 수익이 높은 메뉴만을 엄선해 탄탄한 메뉴구성을 자랑한다.

이 브랜드만의 최대 무기는 브랜드 파워로 〈Mr.객잔〉은 소자본으로 66~99㎡(20~30평) 규모의 소형부터 330㎡(100평) 이상의 대형매장을 가리지 않고 창업이 가능하다. 따라서 생계형창업자들도 충분히 〈Mr.객잔〉의 브랜드파워를 활용할 수 있다. 아울러 화려하고, 강렬한 불빛의 홍등과 독특하고 차별화된 메뉴판의 인테리어, 그리고 원팩시스템을 적용해 쉽고 빠르다.

또한 이곳은 단순한 호프나 주점이 아니다. 정말 세세한 부분까지도 전문화 시킨 그야말로 진짜 전문점중의 전문점이다. 메뉴판 디자인 완성에만도 6개월이 걸렸고 C.I 제작 과정에서도 업계 유수의 실력자도 혀를 내두를 만큼 심혈을 기울였다. 그만큼 점주의 마인드도 중요하다. 적당히 운영할 마음으로는 결코 성공할 수 없다. 반드시 절실한 마음을 가지고 창업에 임해야 한다.

이곳의 힌 소세시는 서울시 강남구 논현동 2-7 준빌딩 4층(신사역 1번출구) 이다.

7. '탕수육혁명' 으로 배달 업계 석권 〈홍탕〉

배달음식 하면 가장 먼저 떠오르는 것은 치킨과 피자다. 호프전문점도 맥주에 가장 어울리는 안주로 치킨 등의 튀김류가 효자메뉴다. 그러나 이제 이들 업계가 '우리돼지 홍삼탕수육' 〈홍탕〉으로 인해 잔뜩 긴장해야 할 처지다. 혹여나 탕수육이라고 해서 일반 중국집 탕수육을 생각하면 곤란하다. 〈홍탕〉의 '홍삼탕수육' 은 최고급 국내산 돼지고기에 홍삼분말로 염지해 잡냄새를 제거한 그야말로 최고급 수제탕수육이다. 본디 프랜차이즈 사업이 목표가 아니었던 〈홍탕〉이 오직 입소문만으로 성장해 이제는 시장을 선도하려 박차를 가하고 있다.

1) 같은 옷 다른 느낌

탕수육 하면 중국집, 이러한 일반적인 인식은 쉽게 바뀌지 않는다. 어릴 적 먹던 탕수육의 맛을 잊은 지도 오래다. 큼직한 돼지고기에 100% 감자전분을 사용해 겉은 바삭하고 속은 부드러운 그런 탕수육 말이다. 이제는 그런 탕수육을 찾기보다는 중국집의 값싼 탕수육 세트로 끼니를 때우는데 급급한 형국이다.

〈홍탕〉은 그러한 '어릴 적 먹던 탕수육'을 만들고자 한데서 출발했다. 그야말로 같은 옷으로 다른 개성을 뽐내야 할 상황이 된 것이다. 이에 가장 먼저 했던 것은 재료의 고급화다. (주)홍탕은 육질이 부드러운 국산돼지고기 '한돈' 등심만을 사용하고 있다. 또 일반 밀가루가 아닌 감자전분 100%를 사용해 바삭하고 쫄깃한 식감이 오래 보전되도록 했다. 돼지고기는 100% 국내산이라 해도 생고기를 직접 튀기면 특유의 잡냄새가 날 수 있다. 이런 단점을 보완하기 위해 충남 금산의 6년근 홍삼으로 만든 홍삼분말로 텀블링 가공을 통해 잡냄새도 없애고 육질도 보다 부드럽게 하는 공정을 추가하였다. 무엇보다 〈홍탕〉은 주문 즉시 제품을 조리하는 수제 방식을 선택해 최선의 맛을 제공하기 위해 노력한다.

2) 소스의 다양화와 개성

"일단 먹어봐야 다르다는 것을 안다" 일반적인 탕수육은 소스의 맛도 획일화 되어있다. 물론 점포마다 조금씩은 다르지만 기본 맛에 대한 베이스는 다를 바 없다. 〈홍탕〉은 소스의 다양화로 또 다른 개성을 뽐냈다. 일반탕수육 소스 맛을 재해석한 '홍탕수육', 달콤함과 매운맛을 버무린 '탕수강정', 탕수육 위에 간장마늘 소스를 입혀 짭조름하고 은은한 마늘향을 입힌 '간장마늘탕수육'으로 세분화했다. 그 외에도 토핑 재료를 활용한 '양파탕수육', '파탕수육' 등이 있고, 튀김옷에 마늘, 야채를 첨가한 '마늘탕수육'과 '야채탕수육' 등 다양한 연령층의 기호에 맞춘 메뉴의 구성이 돋보인다. 특히 또 띠아 위에 새콤하고 아삭한 김치와 모짜렐라치즈를 듬뿍 얹어내는 '김치피자탕수육'은 여성들의 입맛을 사로잡았고 호프 전문매장에서 맥주 안주로도 인기를 모으고 있다.

배달매장에서는 매장별로 포장고객에게 2000~3000원 할인 행사도 진행한다. 또 탕수육은 중국집에서만 판매한다는 선입견을 타파하기 위해 포장용기로 치킨박스를 도입해 위생과 더불어 차별화 전략에도 성공했다는 평이다.

위생적이면서 정직하고 맛있는 탕수육을 고객에게 제공하는 것이 〈홍탕〉영업 전략의 출발이다. 업계 최초로 (사)대한한돈협회의 '한돈 판매인증'을 획득하고 식품의약품안전청의 'HACCP' 우수식품 인증을 받은 것도 〈홍탕〉만이 가진 자부심이다.

3) 초심을 잃지 않는 브랜드

〈홍탕〉은 대부분 33㎡(10평) 내외의 배달매장에서 출발해 대형매장 형태의 탕수호프전문점 확장에도 박차를 가하고 있다. 조만간 제2브랜드 〈치킨홍〉을 론칭해 기존 〈홍탕〉가맹점에서도 별도의 추가 인테리어 등의 투자 없이 보다 다양한 메뉴를 구성할 수 있도록 했다.

지난 2010년 예상치 못했던 구제역 파동으로 사면초가에 빠졌던 〈홍탕〉. 4개월간 이동조치제한으로 충청도에서 생산되는 원재료를 옮기지 못하는 상황에도 국내산 규격돈 등심만을 사용했다. 2.5배가량 오른 원자재 가격을 그대로 지불한 반면 매장 공급가는 그대로 유지해 적자는 눈덩이처럼 쌓이고 직원 급여까지 밀렸지만 기어이 원칙은 지켜냈다. 결국 이 사건은 고진감래가 되어 점주의 소개가 밀려들어 가맹점이 늘어난 계기가 됐다.

현재는 가맹점 80호점과 제2브랜드 〈치킨홍〉의 연착륙을 위한 광고마케팅에도 많은 힘을 쏟고 있다. 배달이나 호프전문점 창업자 모두가 행복해질 수 있는 브랜드, 특히 소자본창업에 최고 강자로 우뚝 선 것이다.

이곳이 경쟁력 요소는 나음과 같다. 예비창업자들이 이 브랜드를 선택해야 하는 이유는 치킨전문점은 창업자금이 적고, 기술력이 간단하지만 경쟁력이 심해 과부하가 걸려있는 상황이기 때문이다. 물론 〈홍탕〉의 경쟁상대가 중국집이라고 하면 문제는 복잡해지겠지만 일반 중국집과 차별해 '수제탕수육 전문시대'를 열었다고 자부하는 만큼 '틈새시장'에 맞는 아이템이다. 또한 돼지고기 등심부위는 언제나 풍족해 소자본 아이템으로 마진율이 치킨보다 좋은 만큼 경쟁력은 충분하다.

또 이 브랜드만의 최대 무기는 한돈이다. 〈홍탕〉은 한돈 인증된 100% 국내산 돼지고기와 100% 감자전분 만을 사용한다. 또한 충남 금산의 6년근 홍삼으로 만든 홍삼분말을 텀블링 가공을 통해 돼지고기의 잡냄새를 없애고 육질도 보다 부드럽게 하는 공정을 추가했으며 이를 통해 튀김요리임에도 부대낌을 줄였다. 더불어 다양한 메뉴로 폭 넓은 연령층에 고객의 니즈를 충족 시켜주고 있다.

이곳은 현재 서울시 강남구 역삼동 738-28 마이다스빌딩 501호에 소재한다.

8. 사골 육수 수타 짬뽕전문점 〈뽕의전설〉

대중적인 서민음식 '짬뽕' 으로 간판도 없이 시작해 오로지 맛 하나로 승부를 걸어온 〈뽕의전설〉이 그동안의 노하우를 전파하고자 가맹사업을 본격화하기 시작했다. 수타로 뽑은 쫄깃한 면발과 오랜 시간 곤 사골육수로 맛을 낸 깊고 진한 '짬뽕' 맛 비결을 무기로 승부수를 던진 것이다.

1) 고객의 입맛으로 만들어진 전설

경기도 분당 일대에서 짬뽕이 맛있는 집으로 정평이 난 〈뽕의전설〉은 6가지 짬뽕 메뉴와 탕수육, 짜장, 새우요리만을 판매하는 중식당으로 15년의 역사를 자랑한다. 장시간 곤 한우 사골 육수로 짬뽕 국물맛을 내는 이곳은 '여기서 짬뽕 먹고 뽕 갔다', '짬뽕 맛이 뽕~가네' 등의 고객 입소문에서 '뽕의전설' 이라는 상호가 탄생했다.

매장에서 직접 치댄 수타면으로 만든 짬뽕은 수준급이며, 짬뽕전문점인 만큼 메뉴 구성도 탄탄하다. 해물짬뽕, 굴짬뽕, 홍합짬뽕, 오징어짬뽕, 백짬뽕, 짬뽕밥 등 하나의 소재로 다양한 메뉴를 선보이고 있으며 짬뽕 국물도 순한맛, 보통맛, 얼큰한 맛으로 고객 취향에 따라 선택해 즐길 수 있는 것이 경쟁력이다.

짬뽕 다음으로 뽕의전설을 대표하는 메뉴는 탕수육이다. 엄선한 등심 부위를 두툼하고 길쭉하게 썬 후 고구마 전분 반죽을 입혀 튀긴 탕수육은 바삭하고 담백해 소스 없이 고기튀김만을 즐기는 마니아층이 있을 정도이며, 식은 뒤에도 눅눅하지 않은 것이 특징이다.

이 브랜드는 핵심 메뉴만을 내세운 단순한 콘셉트로 진하고 시원한 짬뽕이 생각날 때 혹은 바삭바삭한 탕수육이 먹고 싶을때 떠올릴 수 있는 곳으로 포지셔닝 하였으며 최근에는 서울 강남, 송파 등지에서도 소문을 듣고 방문하는 고객이 있을 정도로 인지도가 높아져 가맹사업을 통해 그동안의 노하우를 전파하고 있다.

2) 식재료에 대한 아낌없는 투자가 곧 답이다

〈뽕의전설〉은 모든 조리과정을 한눈에 볼 수 있도록 오픈 주방으로 운영한다. 그만큼 맛에 대한 자부심이 강하며, 단일 메뉴를 다양하게 선보이는 만큼 식재료에 대한 투자를 아끼지 않는다.

우선 짬뽕 베이스가 되는 한우 사골 육수는 매일 파주에서 공수해 온 한우 뼈로 고아 깊은 맛을 내며 짬뽕 메뉴에 들어가는 각각의 해산물은 마산, 여수, 통영 등 각지에서 당일 배송 받은 신선한 재료를 사용하는 것이 특징이다. 특히 홍합은 고객의 수고스러움을 덜기 위해 홍합 살만 넣어 제공하며, 메뉴마다 풍성하게 담은 해산물은 후한 인심으로 고객의 발길을 모은다.

짬뽕만큼이나 메인 메뉴로 꼽히는 탕수육은 소(小)자에도 300g의 돈육이 제공되는 푸짐한 양이 강점이다. 탕수육을 튀기면서 나오는 부스러기는 튀길 때마다 깨끗하게 걸러내 위생을 철저히 하며, 튀김옷 색깔 변화에 따라 새로운 기름으로 교체해 하루에 1.8 l 기름을 3통이나 사용할 정도로 조리 원칙을 철저히 지킨다.

원가가 메뉴 가격의 40~50%를 차지할 만큼 식재료에 드는 비용은 높지만 이러한 고집 때문에 찾아주는 고객이 늘어났고, 그 정성을 알아봐준 고객이 있어 지금의 뽕의전설이 탄생한 것이다.

3) 대중적인 느낌을 그대로 살린 인테리어

점차 고급화돼 가는 최근의 트렌드와 사뭇 다른 전형적인 중식당 그대로의 인테리어를 선보이는 뽕의전설은 친근하면서도 부담스럽지 않은 분위기가 콘셉트다.

누가 봐도 중식당이라는 것을 단번에 알 수 있도록 문턱을 낮춰 부담스럽지 않은 공간에서 맛있는 식사를 제공하겠다는 전략인 것이다. 이를 위해 주방과 홀을 하나로 통합해 동선에 편리함을 주고 테이블 회전의 효율성을 높였다. 또 이곳은 기다리는 고객을 위해 별도의 대기실을 마련, 기다림의 공간이자 식사 후 간단하게 차를 즐길 수 있는 휴식공간을 제공해 눈길을 끈다. 특히 〈뽕의전설〉은 공간의 효율화를 우선으로 예비창업자들에게 불필요한 인테리어 비용에 대한 부담을 덜어주는 장점과 식당의 기본인 맛에 치중할 수 있도록 맛을 내는 기술적인 부분에 집중하고 있다.

다른 무엇보다 성공의 진정한 비결은 재료에 대한 아낌없는 투자이다. 〈뽕의전설〉은 본점 설립연도에서 알 수 있듯이 오랫동안 직영점만을 고집하며 맛으로 인정 받아온 곳이다. 오래전부터 가맹문의가 쇄도했지만 이곳만의 맛을 유지할 수 있는 기술을 구축하고 인정받기 위해 4개의 직영점을 운영하고 있다.

즉 〈뽕의전설〉은 가맹점 수 늘리기에 연연하기보다 폐점을 만들지 않겠다는 일념으로 그동안의 노하우를 시스템화한 후 가맹사업을 시작한 것으로 오픈 전 직영점에서 현장교육을 통해 점주 스스로 장·단점을 파악하도록 해 시행착오를 줄이는 데 집중하고, 가맹점 오픈 이후에는 본사에서 한 달간 교육실장을 파견해 자리 잡을 수 있도록 지원 하고 있다. 이어 "(주)입술이라는 유통법인을 통해 물류시스템을 더욱 체계화해 지원하고 있으며 이후 다양한 형태로 가맹사업을 확대해 나가고 있다.

〈뽕의전설〉은 2000년 4월에 브랜드를 론칭했으며 매장수는 직영점(4개), 가맹점(3개)로 대표메뉴는 해물짬뽕, 굴짬뽕, 홍합짬뽕, 짜장면, 짜장밥, 탕수육, 칠리새우이다.

인테리어 콘셉트는 전통 중식당이며 창업비용은 1억8000만원(100㎡)으로 로열티는 매출별로 상이하다.

이곳의 경쟁력은 사골 육수로 맛을 낸 짬뽕으로 당일 공수한 신선한 해산물과 사골 육수로 깊은 맛을 낸 6가지 짬뽕 메뉴와 재료를 아끼지 않은 풍성한 양에 있다. 즉 고객의 인기를 얻는 메뉴일수록 더욱 푸짐하게 제공하는 인심과 친근한 중식당 콘셉트인 전통적인 인테리어로 부담 없는 친근한 분위기를 연출하는데 있다.

9. 불요리가 맛있는 중식 주점 〈귀신반점〉

1) 짬뽕맛에 반한 짬뽕귀신이 인정한 메뉴

짬뽕 맛에 반해 짬뽕 귀신이 될 수도 있다는 맛있는 상상에서 2015년 시작된 '귀신짬뽕'이 맛있는 요리까지 선보이며 '귀신반점'으로 성장했다. 본사의 인테리어 마진을 완전 배제한 시스템을 통해 990만원으로 업종 변경이 가능해 소자본창업이 가능하다. 〈귀신반점〉은 화려한 인테리어보다 맛으로 승부하며 창업자의 성공창업을 돕는다.

이곳은 2015년 맛의 격전지 청담점에서 직영형태로 시작했다. 프랜차이즈 사업을 전개하기 위해 전문성이 필요한 중식의 주방 문턱을 낮춰야 했다. 수백 번의 시행착오 끝에 초보자도 쉽게 만들 수 있는 레시피와 주방 설비 환경을 만들었다. 또한 불경기라는 시대의 흐름에 걸맞게 소자본창업자를 위한 브랜드를 론칭하여 1년만에 48호점을 돌파했다.

2) 귀신반점만이 갖는 경쟁력

지금은 전문점 시대이다. 동네 중국집과 전문 중식브랜드 전문점이 있다면 어디로 갈까? 매장만 있다면 1,000만 원 미만으로 중식전 문브랜드 귀신반점 창업이 가능하다. 또한 주방을 경험하지 못한 초보자라도 본사에서 제공하는 소스를 사용하기에 교육 과정이 짧고 누가 하더라도 공통된 맛을 낼 수 있다는 장점으로 현재 1년만에 50호점이 계약되었을 정도로 가파르게 성장하고 있다.

3) 귀신반점의 차별화 요소

경쟁업체는 프랜차이즈 브랜드의 인테리어를 강제 규정한다. 그러나 귀신반점은 인테리어를 하지 않는다. 본질을 파악하는 귀신반점이다.

즉 귀신반점은 실속을 가장 우선순위로 두고 있다. 실제 수익은 없으면서 화려한 인테리어와 겉만 포장된 아이템에 현혹되어 폼 나는 창업, 보여주기 위한 창업은 고생길로 가는 지름길이라 생각한다. 남들에게 보여 지는 것이 중요한 게 아니라 얼마나 매출을 올리고 순이익을 가져가는 것이 핵심이다. 따라서 기존 매장들의 집기와 식당 형태는 유지하되, 간판과 실내조명, 내부 메뉴 현수막으로 마무리하여 시간과 비용을 절감하고 가맹점의 창업을 지원하는 프랜차이즈 본사에서 최소의 비용으로 최대의 효과가 가능한 브랜드가 되도록 노력하고 있다.

10. 짬뽕의 풍미 살린 냉짬뽕 〈옥향루〉

1) 계절별미 냉짬뽕

평창동에 위치한 차이니즈 레스토랑 〈옥향루〉는 매년 여름 선보이는 '냉짬뽕'으로 유명세를 얻고 있다. 7년 전 뜨거운 짬뽕을 대신해 시원하게 먹을 수 있는 여름 짬뽕으로 개발한 옥향루의 냉짬뽕은 이색메뉴로 소비자들의 주목을 받다가 2~3년 전부터는 여름 정식 메뉴로 꾸준하게 인기를 끌고 있다.

이곳 냉짬뽕의 특징은 뜨거운 면과 부재료, 얼음 육수의 독특한 배합이다. 대부분 냉누들 요리가 찬물에 헹군 면을 사용하고, 부재료 역시 찬 요리에 맞게 새로 조합하는 것과는 매우 대조적인 조리법이다.

면의 굵기는 냉면보다 두껍고 짬뽕면보다는 1/3 정도 가는 냉짬뽕 맞춤면을 자체 개발했는데, 하루 전날 반죽해 숙성시킨 후 주문을 받으면 즉석에서 썰어 삶는다. 육수는 채소를 우리고 또 다른 특제 육수를 섞은 후, 자체 개발한 짬뽕양념으로 간을 맞춰 12~13시간 동안 숙성시킨 후 냉동고에 넣어 차게 얼려둔다. 면 반죽과 얼음 육수가 완성되면 그날의 주문을 받고 요리를 시작한다.

2) 한정판매 고객과의 약속

짬뽕면을 삶아 중식 특유의 '불맛' 이 나도록 볶은 채소와 해물을 올린 후 얼음 육수를 갈아 빙수처럼 쌓고, 업소 뒷편의 텃밭에서 키운 쑥갓이나 오이 등을 고명해 내놓는다. 얼음 육수와 뜨거운 면, 볶은 재료를 바로 비비듯 섞으면 얼음이 녹으면서 면은 차가워지고 전체 재료들이 어우러지면서 칼칼하고 개운한 옥향루만의 냉짬뽕을 맛볼 수 있다.

이곳의 냉짬뽕 육수는 숙성시간이 길어 매일 50~60그릇 정도만 한정 판매한다. 육수가 떨어지면 저녁시간엔 판매를 못 하는 경우가 많다. 옥향루의 냉짬뽕은 중식집의 여름메뉴로는 비교적 손이 많이 가는 음식이지만, 고객들도 좋아하고 매년 여름 매출 기여도 역시 꾸준히 높은 편이라 정식메뉴로서 손색이 없다.

옥향루 조리장의 냉짬뽕에서 가장 중점을 두는 부분은 바로 '불맛' 이다. 중식 특유의 불맛, 짬뽕의 느낌을 살리기 위해 얼음 육수 위의 1~2개 고명을 제외하고 모든 식재료들을 중화팬에 볶고, 뜨겁게 삶은 짬뽕면 위에 올려 면에도 불맛이 녹아들도록 하는 것이 관건이다. 육수 역시 채소를 그대로 사용하는 것이 아니라 1단계 더 전처리 단계를 거친 후 육수로 우린다.

3) 이색 메뉴의 얼큰함과 어울림의 조화

옥향루엔 냉짬뽕 이외에도 쇠고기를 갈아 넣은 '유미짜짱', 생선알을 가득 올린 '알짬뽕', 말린 표고버섯에 새우살을 넣어 만든 '어향동구' 등의 식사류와 요리류가 인기를 얻고 있다. 특히 생선알을 푸짐하게 올려 얼큰하게 요리한 알짬뽕은 짬뽕국물과 부재료들, 생선알이 어울려 맛이 별스럽고 모양 역시 시각적으로 식욕을 자극힐 징도로 푸짐한 것이 특징이다.

이곳의 메뉴는 냉짬뽕(1만1000원), 유미짜장(9000원), 알짬뽕(1만원), 어향동구(大 3만3000원)이며 서울시 종로구 평창문화로 88에 소재하고 있다.

부록

창업 및 업종 전환, 신규사업 가이드

〈표 1〉 외식산업의 구성요소

외식산업의 구성요소				
가격	식음료	인적서비스	물적서비스	편리성

〈표 2〉 외식기업 경영형태의 장·단점

방법 / 구분	초기투자	경험도	사업운영 책임도	실패율	재정 위험도	보상
직영	높다	높다	높다	높다	높다	높다
가맹	보통 이하	최저	보통	보통	보통	보통 이상
인수	보통	높다	높다	높다	높다	높다
위탁	없음	보통 이상	보통	보통	보통	보통 이하

〈표 3〉 업종별 분류

외 식 산 업	음식중심	일반음식점	일반음식점	한식점
				일식점
				양식점
				중식점
				기타
			특수음식점	열차식당
				항공기내식당 기내사업
				선박 내 식당
			숙박시설 내 음식점	호텔 내 식당
				리조트,콘도,여관 내 식당(1970년 이전)
		단체음식	학교	초,중,고,대학
			기업	구내식당
			군대방위시설	군대
				전투경찰
				경찰
				교도소
			병원	구내식당
			사회복지시설	연수원
				양로원
				고아원
	음료중심		찻집,술집	커피전문점
				호프집
				술집(대중유흥업소)
			요정,바	요정
				바
				카바레
				나이트클럽, club

〈표 4〉 한식의 유형별 종류

품목	세부종목	품목	세부종목
해물류	조개찜 조개구이 게찜 바닷가재찜 낙지볶음 굴회 오징어볶음	전류	파전 빈대떡 모듬전 오코노미야키
생선류	갈치구이 코다리찜 광어회 장어구이 장어직화 장어양념구이	국물류	된장찌개 부대찌개 청국장 순두부 북어국
육류-쇠고기	쇠고기등심 쇠고기갈비 쇠고기 불고기 쇠고기 샤브샤브	디저트류-빵	샌드위치 초콜릿 케이크 와플 바게트
육류-돼지고기	돼지고기 삼겹살 돼지갈비 돼지등갈비	디저트류-음료	생과일주스 아이스크림 빙수 생과일 요거트 스무디
육류-닭고기	닭튀김 삼계탕 닭강정 닭갈비	디저트류-커피	커피 북카페 애견카페 키즈카페
육류-족발	족발 냉족발 오븐구이족발 쌈족발	출장음식	도시락 제사음식 홈파티
면류	자장면 짬뽕 냉면 잔치국수 메밀	주류	소주 맥주 생맥주 와인 막걸리
탕류	갈비탕 샤브샤브 설렁탕 삼계탕 매운탕	분식류	순대류 튀김 떡볶이 우동 김밥
한식	비빔밥 패쌈밥 영양밥 김밥 죽	뷔페류	패밀리뷔페 해산물뷔페 고기뷔페 샐러드뷔페 디저트뷔페 채식뷔페

〈표 5〉 외식업계 업종별 트렌드 핵심 (키워드)

창업할 수 있는 외식 종목들 간 콜라보레이션(모둠+조합) 메뉴

업종	키워드	상세 키워드
한식	건강한 삶과 간편식 시장확대	4S(safety, show, self, single), 건강, 간편식, 유기농, No MSG, 오픈키친, HMR
패밀리 레스토랑	감성을 추구하는 융복합화	콜라보레이션, 감성, 시장 다각화, 초니치 마켓
치킨	카페형 매장과 스포츠 마케팅	가치소비, 힐링, 프리미엄, 싱글족, 치맥 스포츠 마케팅, 간편식, 안전, 차별화, SNS
주점	복고와 엔도르핀 디쉬	복고, 감성, 소형화, 차별화, SNS 콜라보레이션, 인테리어, 합리적 가격
커피	고급 원두와 부티크 매장	웰빙, 건강한 재료, 소형화, 전문화, 차별화, 콜라보레이션, 고급화, 부티크, 복고, 인테리어, 사회공헌, 해외진출
피자	웰빙과 프리미엄의 합리적 소비	웰빙, 고급화, 합리적 가격, 안전·안심, 스포츠마케팅, 복고·향수, 엔도르핀 디쉬, 콜라보레이션, 소형화, 건강한 재료, 싱글족
이탈리안 레스토랑	착한 소비와 건강한 식생활	착한 소비, 오가닉, 건강, 와인
분식	합리적인 가격과 콜라보레이션	콜라보레이션, 소형화, 프리미엄, 합리적 가격, 소량화, 간편식, 싱글족
패스트푸드	안전하고 합리적인 가격	합리적 가격, 간편식, 싱글족, 안심·안전
디저트	매스티지족의 진정성	콜라보레이션, 건강한 재료, 진정성, 유기농, 프리미엄, 인테리어, 독창성

〈표 6〉 소비자 유형별 기호와 변화

소비자 진화 양상 단계 ▼	새로운 소비자 집단 ▼
마담슈머(Madame + Consumer) 구매 결정권을 가진 주부들의 시각에서 제품 평가	**바이슈머(Buy + Consumer)** 해외에서 판매되는 물품을 직접 구입하는 소비자 (직구족)
⇩ **트라이슈머(Try + Consumer)** 기존 정보에 의존하지 않고 제품을 직접 써본 뒤 평가	**모디슈머(Modify + Consumer)** 제조업체에서 제시하는 방식이 아닌 자신만의 방법으로 재창조 해내는 소비자
⇩ **크리슈머(Creative + Consumer)** 신제품 개발이나 디자인, 서비스 등의 문제에 적극 개입해 의견을 제시	**스토리슈머(Story + Consumer)** 기업에 제품과 관련된 자신의 이야기를 적극적으로 알리는 소비자
⇩ **프로슈머(Producer + Consumer)** 제품의 생산단계에 직접 관여하거나 소비자가 생산까지 담당	**쇼루밍족(Showrooming)** 오프라인 매장에서 제품을 보고 온라인을 통해 저렴하게 구매하는 소비자(실속 중시) VS **역쇼루밍족(Reverse Showrooming)** 온라인에서 검색을 통해 제품을 결정한 뒤 오프라인에서 구매하는 소비자
⇩ **가이드슈머(Guide + Consumer)** 기업의 생산현장을 검증하고 잘못된 점은 지적, 잘한 점은 홍보	

〈표 7〉 외식 브랜드의 구성 요소	
브랜드 아이덴티티	브랜드 네임, 브랜드 로고, 브랜드 컬러, 브랜드 캐릭터, 브랜드 슬로건
메뉴	메뉴 구성, 원재료 선택, 조리 방식, 메뉴명, 프리젠테이션, 식기 선택, 메뉴 제공 방식
서비스	서비스 정도, 서비스 방식, 서비스 특성
분위기	SI(Store Identity), 음악(music), 조명(lighting), 유니폼(uniform), 사인(signage)
입지	지역, 입점 형태(free standing/building-in)
가격	가격, 좌석회전율, 식재료비, 인력 및 인건비, 임대료 수준, 할인정책

〈표 8〉 브랜드 아이덴티티의 도출

기능적 속성	맛의 동질성, 볼의 차별성, 메뉴의 다양성, 양의 풍부함, 시간 절약, 이벤트의 독창성, 접근 편의성, 인테리어의 간결성, 가격대비 맛과 양, 가격의 합리성		
이성적 혜택	통일성, 신속성, 다양성, 합리성, 편리성, 독창성, 전문성		
감성적 혜택	신선함, 생동감, 젊음	친근함, 즐거움, 정겨움	편안함, 재미있음
성격	▼ 독특함	▼ 공유성	▼ 편안함
브랜드 아이덴티티	⇩ 스파게티로 특화된 캐주얼 레스토랑		

〈표 9〉 브랜드 콘셉트 키워드의 개발

키워드	내용
다양성	메뉴와 이벤트의 다양성
통일성	각 매장 간 메뉴의 맛, 인테리어의 동질성
합리성	가격대비 맛과 양, 서비스의 만족감
신속성	시간 절약
전문성	네이밍에서의 전문성, 메뉴의 전문성
편리성	접근과 이용, 서비스의 편리성
신선함	음식의 신선함, 신선한 식자재, 이벤트와 제공 방식(홀서비스)의 새로움
생동감	동적이고 활발한 분위기, 생동감 있는 인테리어
젊음	매장 분위기, 주된 색상, 방문하는 고객과 직원의 젊음
친근함	고급스럽지 않고 대중적이며 부담스럽지 않은 친근함
즐거움	밝고 화사한 인테리어와 가격대비 맛과 양이 좋은 것에서 오는 즐거움
정겨움	오픈된 주방이나 인테리어, 함께 나눠먹는 정겨움
편안함	인테리어의 편안함, 위치의 편안함, 서비스나 가격 등의 심리적 편안함
재미	이벤트의 재미, 메뉴를 고르는 재미, 홀서비스의 재미
독특함	홀서비스의 독특함, 패밀리레스토랑과는 다른 분위기와 서비스
공유성	음식을 나눔으로서 얻게 되는 정서의 공유

〈표 10〉 콘셉트 도출 사례

고객 이미지	개성을 추구하는 여대생 (20대 여성)	해외여행 경험이 있는 젊은 세대	신세대 직장인	자유 직업가와 보보스족	아침 일찍 출근하는 직장인
고객 이익	자신만의 공간, 자유롭게 대화	해외에서 경험한 커피 맛	친구와 여유로운 대화, 독특하고 맛있는 장소	다양한 커피 선택, 노트북 PC이용	간단한 빵과 커피
입지 이미지	이대 앞, 대학로, 프레스센터, 명동역, 강남역, 삼성역, 코엑스, 역삼역, 광화문				
고객 서비스	창가 쪽 1인 좌석, 자유공간, 바리스타, 테이크아웃 서비스, 고객 맞춤 커피, 무선 랜 서비스, 포인트제도, 페이스트리				
고객 시나리오	창가에서 음악을 들으며 혼자 책을 본다, 커피향이 나는 포근한 소파에서 친구와 부담 없이 대화한다. 여자 친구와 극장에 가기 전에 만나서 영화 이야기를 하며 즐긴다, 직장 동료와 점심 식사 후 커피를 테이크아웃하여 마신다. 여기저기 뛰어다니다 자투리 시간에 무선 랜을 이용하여 업무를 한다, 일찍 출근하여 회사 근처에서 여유로운 아침을 시작한다.				
목표 콘셉트	세계 최고의 커피를 주문하여 직접 에스프레소 방식으로 즐길 수 있는 커피숍, 혼자 있을 때는 편안하게, 친구와 같이 있을 때는 즐겁게 대화할 수 있는 커피숍, 고객의 오감을 만족시켜주는 문화가 있는 커피숍				

<부록> 119

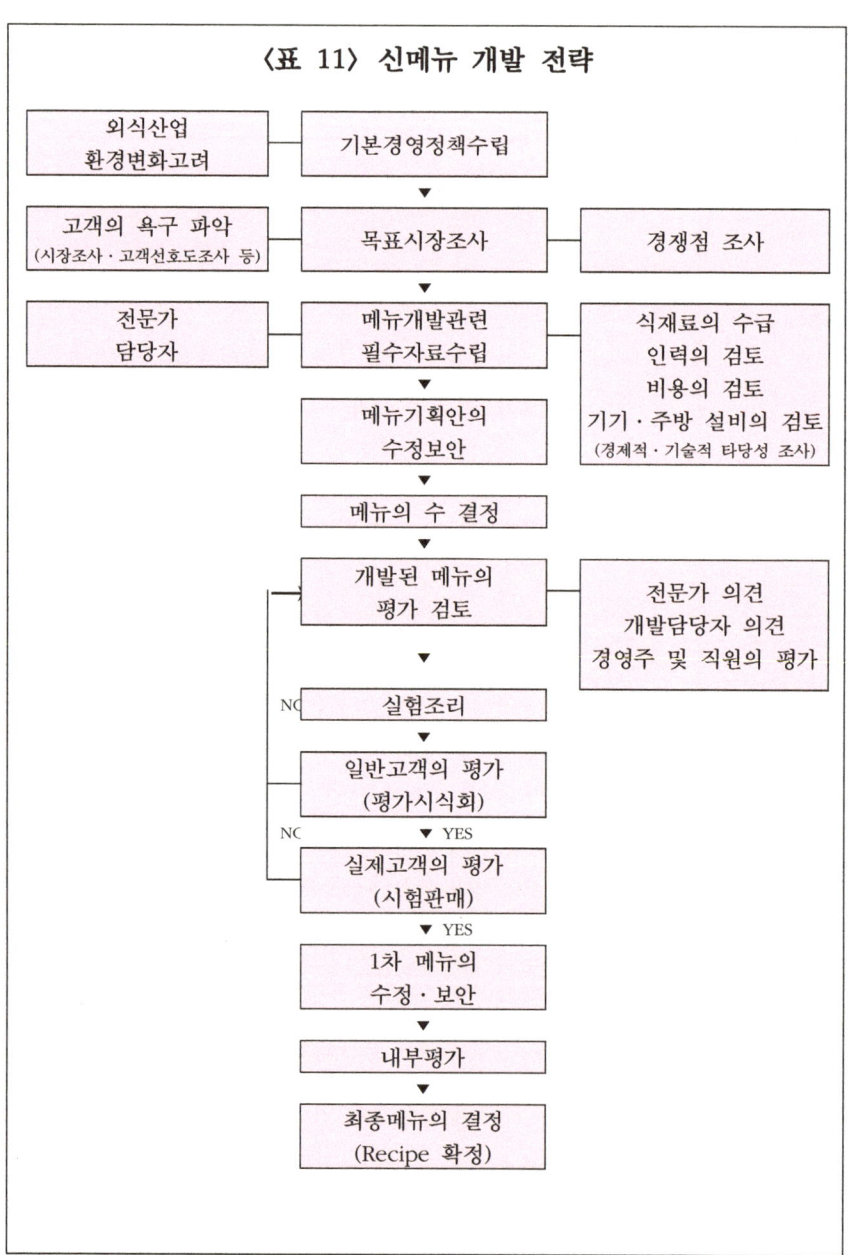

〈표 11〉 신메뉴 개발 전략

외식산업 환경변화고려	기본경영정책수립	
고객의 욕구 파악 (시장조사·고객선호도조사 등)	목표시장조사	경쟁점 조사
전문가 담당자	메뉴개발관련 필수자료수립	식재료의 수급 인력의 검토 비용의 검토 기기·주방 설비의 검토 (경제적·기술적 타당성 조사)
	메뉴기획안의 수정보안	
	메뉴의 수 결정	
	개발된 메뉴의 평가 검토	전문가 의견 개발담당자 의견 경영주 및 직원의 평가
	NO 실험조리	
	일반고객의 평가 (평가시식회)	
	NO ▼ YES 실제고객의 평가 (시험판매)	
	▼ YES 1차 메뉴의 수정·보안	
	내부평가	
	최종메뉴의 결정 (Recipe 확정)	

〈표 12〉 메뉴의 적합성 평가

주요항목 및 평가요소	세부검토사항	
소비기호 (연령별, 직업별)	• 타깃연령대가 좋아하는 음식인가? • 음식이 깔끔하고 정갈한가? • 타깃연령대의 수준에 적합한가? • 계절 메뉴나 계절 식재료를 사용할 수 있는가? • 건강식, 다이어트식, 기능식인가? • 맛 유지와 양은 적절한가? • 메뉴가격대는 어떤가? • 어린이용 메뉴구비와 디저트는 준비되어 있는가? • 가족고객이 좋아하는가? • 단순식사로 적합한가? • 메뉴북은 깨끗하고 설명이 충분한가? • 행사메뉴(모임, 회식, 기타)로 적합한 메뉴인가?	
점포, 입지, 시장	• 주변 시장의 가격대는? • 접근성(편리성)은? • 시장성(시장수요)은? • 적합한 건물인가? • 경쟁상태는? • 성장 가능한 입지인가? • 유동인구는 얼마나 되는가? • 주차시설은 되어 있는가?	• 혐오시설은 없는가? • 홍보성(가시성)은? • 적합한 입지인가? • 점포규모는? • 상권내의 외식 성향은? • 집객 시설이 있는가? • 유동차량은 얼마나 되는가?
경영효율 (경영관리 계수관리)	• 매출이익은? • 객단가는? • 메뉴관리는 용이한가? • 점포관리는? • 구매의 난이도는?	• 회전율은? • 원가(재료비, 인건비, 제경비)는? • 서비스의난이도는? • 경영주의 메뉴 이해도는? • 직원 채용은?
식사형태	• 조식 •중식 •간식 •석식 •미드나이트	
판매방식	• 내점(Eat in) •배달 •포장판매 •복합판매 가능성은?	

〈표 13〉 외식 브랜드 주기별 커뮤니케이션 전략

도입기 (사업홍보)	• 모델샵의 영업 활성화에 총력 • 언론에 기사화 • 브랜드 인지도 제고를 통해 계약 유도 • 체험마케팅을 통한 점포 이용유도 • 예비창업자 홍보
성장기 (성공모델의 정착)	• 기획 사업설명회 개최(명강사 초청 등) • 도입기보다는 광고 홍보 효력감소 • 성공사례 만들기 • 성공사례를 바탕으로 한 현장 확인계약 실적 기대 • 경쟁업체 진입 시 탄력적으로 시장 전략 전개
성숙기 (브랜드지명도 확대)	• 성공사례를 중심으로 한 계약 실적 증가 • 브랜드 정체성 관리 강화(표준화, 전문화, 단순화) • 유지광고/홍보시행 • 브랜드 이미지 관리 • 메뉴개발 및 보완
쇠퇴기 (현상유지/ 신규사업)	• 계약실적 쇠퇴 • 브랜드파워 유지 • 고객욕구 분석을 기초로 한 사업 컨셉 조정 • 재정비 및 제2브랜드 런칭 • R&D 성장전략

〈표 14〉 라이프 사이클에 따른 단계별 관리전략

구분	도입기	성장기	성숙기	쇠퇴기
소비자	소비 준비	소비 시작	소비 절정	소비 위축
경쟁업소	미약	증대	극대	감소
창업시기	창업 준비	창업 시작	차별화	업종변경
매출	조금씩 증가	최고로 성장	평행선	하락
제품 (메뉴)	지명도 낮다	지명도 급상승 및 모방 시삭	지명도 최고 제품의 다양화	신 메뉴로 대체시기
유통 (판매)	저항이 높고 점두판매위주	저항 약화되고 주문이 쇄도	주문감소 가격파괴현상	가격파괴절정 생존경쟁으로 재정비
촉진	광고 및 PR 활동성행	상표를 강조하고 경쟁적	캠페인활동 성행 및 제품의 차별성 강조	수요는 판촉에 비해 효과가 미흡
가격	높은 수준	가격인하 정책실시	가격최저로 가격에 민감	재정비에 따른 가격 인상정책
커뮤니케이션	체험마케팅을 통한 이용유도	성공사례를 바탕으로 현장실적기대	유지강화 브랜드 정체성 관리강화, 성공사례를 중심으로 계약실적증가	계약실적 쇠퇴, 신규사업진출 모색, 고객욕구분석으로 사업 컨셉 조정
진행기간	1년차	2년차	3년차	4년차

〈표 15〉 외식산업의 소득 수준별 발전

구분	GNP($)	성장과정	주요업체등장
1960년대	100 ~200	식생활의 궁핍 및 침체기(6 · 25전쟁 후), 밀가루 위주의 식생활 유입(미국 원조품), 분식의 확산 및 식생활 개선 문제 부상	뉴욕제과(67), 개업업소 및 노상 잠상인 대량 출현
1970년대	248 ~ 1,644	영세성 요식업의 우후죽순 출현, 경제 개발 계획에 따른 식생활 향상, 해외브 랜드 도입 및 프랜차이즈 태동, 국내프 랜차이즈 시작 : 난다랑(79.7), 서구식 외식업 시작 : 롯데리아(79.10)	가나안제과(76) 난다랑(79) 롯데리아(79)
1980년대 초반	1,592 ~ 2,158	외식 산업의 태동기(요식업→외식산 업), 영세 난립형 체인점 출현(햄버거, 국수, 치킨 등), 해외 유명브랜드 진출 가속화	아메리카(80) 윈첼(82) 짱구짱구(82) 웬디스(84) KFC(84) 장터국수(84) 신라명과(84) 등
1980년대 후반	2,194 ~ 4,127	외식산업의 적응 성장기(중소기업, 영 세업체난립), 식생활의 외식화 · 레저 화 · 가공식품화 추세, 패스트푸드 및 프랜차이즈 중심 시장 선도, 패밀리 레 스토랑 · 커피숍 · 호프점 · 베이커리 · 양 념치킨 등 약진	맥도날드(86) 피자인(88) 코코스(88) 도투루(89) 나이스데이(89) 만리장성(86)
1990년대 초반	5,569 ~ 10,000	외국산업의 전환기(95년 산업으로서 정착), 중 · 대기업의 신규진출 러시 및 유명브랜드 도입, 프랜차이즈 급성장 및 도태, 시스템 출현(외식근대화)	나이스데이 씨즐러 스카이락 TGIF 등 아웃백, 빕스, 베 니건스, 애슐리, 마르쉐 등

구분	GNP($)	성장과정	주요업체등장
1990년대 후반	6,500 ~ 9,800	IMF로 경기침체, 전체적인 침체, 불황 중 실직자들의 생계수단과 고용 창출 효과, 침체기에도 꾸준한 성장을 이룸, 다양한 형태의 소비패턴에 따른 점포의 변화	서울 경기지역 외식기업 포화 상태로 지방음식의 체인화와 수도권 중심의 패밀리 레스토랑의 지방 진출과 발전
2000년대 초반	10,000-15,000	웰빙 문화로 인한 패스트푸드의 변화, 광우병파동으로 일부 산업 심각한 타격, 조류독감으로 치킨업계 일시적인 위기, 꾸준한 발전으로 전체 국민 노동력의 50%이상 고용 창출한 거대산업으로 발전	프랜차이즈 포화, 국내 브랜드 등장
2000년대 후반	15,000-21,500	국내브랜드 프랜차이즈 대거 등장 및 대기업·식품업계의 외식산업 진출, 대기업 3세들의 외식산업진출(신세계:스타벅스로부터시작-투썸플레이스 등)	(할리스, 카페베네 등)
2010년대 초반	21,500 ~ 25,000	경기침체와 세월호 사건으로 인한 외식위주의 식단이 집으로 이동, 정부규제에 의한 외식분야와 식품분야의 위축	대기업 진출에 대한 정부규제, 상생과 공생의 기업 논리
2010년대 후반	25,000 ~ 30,000	대기업 외식산업이 상생과 공생을 내세운 중소기업 외식 정책으로 변화, 대기업의 외식산업 진출 금지, 외식문화의 침체기와 과다 경쟁	CS를 통한 기업 이익과 고객만족 공존

〈표 16〉 한국의 외식산업 발전과정

연대	발전내용	주요업체
1960년대 이전	• 전통 음식점 중심의 음식업 태동기 • 식생활 및 식습관의 가내 주도형 • 식량지원 부족(생존단계)	• 이문설렁탕(1907) • 용금옥(1930) • 한일관(1934) • 조선옥(1937) • 안동장(1940) • 고려당(1945) • 남포면옥(1948)
1960년대	• 6·25전쟁 후 식생활 궁핍 및 음식업 침체기 • 혼분식 확산(미국원조 밀가루 위주의 식생활)	• 삼양라면 최초 시판(1963) • 비어홀(1964) • 코카콜라(1966) • 뉴욕제과 신세계 본점 프랜차이즈 1호점(1968)
1970년대	• 해외브랜드 도입기 • 프랜차이즈 태동기 • 대중음식점 출현	• 난다랑(1979) 국내 프랜차이즈 1호 • 롯데리아(1979) 서구식 외식 시스템 시발점
1980년대	• 외식산업 전환기 • 해외브랜드 진출 가속화 • 국내 자생브랜드 난립 • 부산 아시안 게임(1986) • 서울 올림픽(1988)	• 아메리카나(1980) • 서울 프라자 호텔이 여의도 전경련 빌딩, 프라자(한식당), 도원(중식당), 연회장 운영(1980) • 윈첼도우넛, 버거킹(1982) • 서울 프라자호텔 열차식당 운영(1983) • 웬디스, 피자헛, KFC(1984) • 맥도널드(1986) • 피자인, 코코스, 크라운베이커리, 나이스데이, 놀부보쌈(1988)

연대	발전내용	주요업체
1990년대	• 외식산업 성장기 • 대기업 외식산업 진출 • 패밀리레스토랑 진출 • 전문점 태동	• TGIF 판다로시(1992) • 시즐러(1993) • 데니스, 스카이락, 케니로저스 (1994) • 토니로마스, 베니건스, 블루노트, BBQ(1995) • 마르쉐(1996) • 칠리스, 우노, 아웃백스테이크하우스(1997)
2000년대	• 외식산업의 전성기 • 식품업계의 외식산업 진출 • 대기업의 외식산업 점령 • 골목상권 장악 • 자금력에 의한 규모화	• 커피(음료)전문점의 강세, 포화 • 해외진출사례 (할리스 토종브랜드)
2010년	정부의 규제와 경기침체로 인한 외식산업 침체기, 외식업의 다양화를 통한 커피전문점의 활성화를 패하고 있으나 국내포화로 인한 도산위기, 해외진출의 판로가 절실	• 첫손님가게(2013년2월) -기부문화의 정착 • 공생과 상생의 기로 • 대기업의 골목상권진출 금지 등
2020년	• 프랜차이즈를 중심으로 한 한류 K-Food 확산 • 해외 진출 본격화 • 맛, 웰빙, 디테일이 주도 • 성장 정체	• 놀부 NBG • 치킨 브랜드 • CJ 푸드빌 해외 100호점(2012) • 파리바게트(2015년 해외 200호점 개설)

〈표 17〉 국내 프랜차이즈 산업의 변천사

시대별	구분	주요 브랜드 및 이슈
1970년대	**태동기** • 프랜차이즈 산업모델 국내 첫선 • 기업형 프랜차이즈 탄생	• 1977년 림스치킨 • 1979년 7월 국내 프랜차이즈 1호점 난다랑(동숭동) • 1979년 10월 롯데리아 소공동
1980년대	**도입 및 성장기** • 패스트푸드 도입에 따라 대기업 외식업진출 • 해외 패스트푸드 프랜차이즈 국내 진출 • 한식 프랜차이즈시작 (놀부보쌈/송가네왕족발/ 감미옥 등) • 88서울 올림픽 개최	• 1982년 페리카나 • 1983년 장터국수 • 1984년 KFC/버거킹/웬디스 • 1985년 피자헛/피자인/베스킨라빈스 • 1986년 파리바게트 • 1987년 투다리 • 1988년 코코스 • 1989년 도미노피자/놀부/멕시카나
1990년대	**성숙기** • 국내 프랜차이즈 기반 구축 • 국내 최초 패밀리 레스토랑 개념 도입 • 1988년 외환위기 • 1989년 (사)한국 프랜차이즈산업협회 설립	• 1990년 미스터피자 • 1991년 원할머니보쌈/교촌치킨 • 1992년 맥도날드/TGIF 사업개시 • 1993년 한솥도시락/미다래/파파이스 • 1994년 데니스/던킨도너츠 • 1995년 베니건스/토니로마스/씨즐러/ BBQ • 1996년 김가네/마르쉐/쇼부 • 1997년 빕스/아웃백스테이크/칠리스/ 우노 • 1998년 쪼끼쪼끼/스타벅스/코바코 • 1999년 BBQ 국내 최초 가맹점 1000호점 달성 • 1999년 (사)한국프랜차이즈협회 설립인가

시대별	구분	주요 브랜드 및 이슈
2000년대	**해외진출 초창기** **일부 업종 포화기** • 국내 외식브랜드 중국, 일본 등 해외진출 가속화 2002년 한일 월드컵 개최 • 치킨프랜차이즈 붐업	• 2000년 미소야, 투다리 중국 청도 진출 • 2001년 퀴즈노스/매드포갈릭/사보텐/ 파스쿠찌 • 2002년 파파존스/본죽, 분쟁조정협의회 설치 • 2003년 프레쉬니스버그/명인만두/ 피쉬앤그릴/BBQ 중국 진출 • 2004년 크리스피크림도넛 • 2005년 뚜레쥬르 중국 진출 • 2006년 토다이, 놀부 일본 진출 • 2007년 BBQ 싱가포르 진출
2010년대	**저성장기** **해외진출 가속화** • 식재료 수급 불안정 • 해외진출 가속화 • 외식업관련 법과 제도 정비 • 중소기업 적합업종 선정 • 대기업 빵집 사업 철수 • 공정위 모범거래기준안 발표 • 가맹사업법 추진 • 음식점 금연구역 전면시행(2015) • 디저트 업종 활성화 • 일본, 유럽 등 해외디저트브랜드 도입 활발 • 소프트아이스크림, 팥빙수, 츄러스 등 브랜드 활성화	• 2010년 채선당 인도네시아 진출 • 2012년 파리바게뜨 중국 100호점, CJ푸드빌 해외 100호점 • 2011년 놀부 NBG, 美 모건스탠리PE에 지분 매각, 제스터스, 잠바주스, 망고식스 • 2012년 베코와플, 투뿔등심, 와플트리, 모스버거 • 2013년 바르다김선생, 고봉민김밥, 설빙, 간부치킨, 이옥녀팥집, 족발중심, 미스터시래기, 고디바, 소프트리 • 2014년 자연별곡, 올반, 계절밥상 등 한식뷔페 • 2015년 11월 미스터 피자 중국 100호점 출점 • 2015년 12월 파리바게뜨 해외 200호점

〈표 18〉 시대별 외식브랜드(메뉴)콘셉트의 변화추이

메뉴	시대	외식 브랜드
햄버거	1980~1985	롯데리아, 아메리카나, 빅웨이
면류	1986~1988	장터국수, 다림방, 다전국수, 민속마당, 국시리아, 참새방앗간
양념치킨	1988~1990	페리카나, 처갓집, 림스치킨
보쌈	1990~1992	놀부보쌈, 촌집보쌈, 할매보쌈
우동		언가, 천수, 나오미, 기소야
신개념퓨전 레스토랑		(피자, 햄버거, 아이스크림, 통닭 등 모두 판매) 굿후렌드, 코넬리아, 아톰플라자, 해피타임
쇠고기뷔페	1992~1993	엉클리 외
커피		쟈뎅, 미스터커피, 왈츠, 브레머
피자	1993~1994	시카고피자, 피자헛, 도미노피자
피자뷔페	1994~1996	베네벤토, 아마또, 오케이, 베니토, 카이노스
탕수육		탕수 탕수 외
김밥		종로김밥, 김가네김밥, 압구정김밥
조개구이	1996~1997	조개굽는 마을, 미스조개 열받네, 바다이야기, 조개부인 바람났네
칼국수		봉창이해물칼국수, 유가네칼국수, 우리밀칼국수
북한음식		모란각, 통일의 집, 고향랭면, 발용각, 진달래각
요리주점	1997~1999	투다리, 칸, 천하일품, 대길, 기린비어페스타

메뉴	시대	외식 브랜드
찜닭		봉추찜닭, 고수찜닭, 계백찜닭
참치		참치명가, 동신참치, 동원참치
에스프레소 커피	1999~2001	할리스, 커피빈, 프라우스타, 이디야
돈가스		라꾸라꾸, 하루야, 패밀리언
생맥주		쭈끼쭈끼, 해피리아, 블랙쭈끼, 비어캐빈
아이스크림		레드망고, 아이스베리
회전초밥	2001~2003	스시히로바, 사까나야, 기요스시
하우스맥주		오키스브로이하우스, 플래티늄, 도이치브로이하우스
불닭		홍초불닭, 화계, 땡초불닭
퓨전 오므라이스		오므토토마토, 오므라이스테이, 오므스위트, 에그몽
중저가 샤브샤브	2004~2005	정성본, 채선당, 어바웃샤브
베트남 쌀국수		호아빈, 포베이, 포메인, 포타이

메뉴	시대	외식 브랜드
해물떡찜	2006~2007	해물떡찜0410, 크레이지페퍼, 홍가네해물떡찜
정육형 고깃집	2006~2007	다하누촌, 산외한우마을
저가 쇠고기		아지매, 우스, 꽁돈, 우쌈, 우마루, 행복한 우담
국수	2008~2009	(비빔국수, 잔치국수)망향비빔국수, 명동할머니국수, 산두리비빔국수, 닐니리맘보
일본라멘		하코야, 멘쿠샤, 라멘만땅, 이찌멘
카페	2008~2013	스타벅스, 카페베네, 파리바게뜨
떡볶이	2011~2012	아딸, 죠스, 국대, 동대문엽기떡볶이
샐러드, 집밥	2013~2014	샐러드뷔페, 계절밥상, 자연별곡
디저트카페	2015~2017	몽슈슈, 초코렛바, 빙수 등 디저트

〈표 19〉 업종별 음식점업 현황(2015년 기준)

분류		업체수		종사자수	
		(개)	%	(명)	%
음식점업	한식점업	299,477	65.1	841,125	59.9
	한식점 제외한 총합	159,775	34.9	562,513	40.1
	중국 음식점업	21,503	4.7	76,608	5.5
	일본 음식점업	7,466	1.6	33,400	2.4
	서양 음식점업	9,954	2.2	67,279	4.8
	기타 외국식 음식점업	1,588	0.3	8,268	0.6
	기관 구내 식당업	7,830	1.7	48,000	3.4
	출장 및 이동 음식업	511	0.1	2,620	0.2
	기타 음식점업	110,923	24.2	326,338	23.2
	소계	459,252	100.0	1,403,638	100.0
주점 및 비알콜 음료점업		176,488		420,576	
음식점업(합계)		635,740		1,824,214	

〈표 20〉 사업장 면적규모별 음식점 분포도(2015년 기준)

사업장 면적규모		음식점수(개)	(%)
30㎡ 미만	(9.3평)	75,977	12.0
30㎡~50㎡	(9.3평~15.4평)	131,003	20.6
50㎡~100㎡	(15.4평~30.9평)	271,277	42.7
100㎡~300㎡	(30.9평~92.6평)	135,299	21.3
300㎡~1,000㎡	(92.6평~302.5평)	19,856	3.1
1,000㎡~3,000㎡	(302.5평~907.5평)	2,057	0.3
3,000㎡	(907.5평)	271	0.1
합 계		635,740	100.0

〈표 21〉 종사자 규모별 음식점(주점업포함)

(2015년 기준)

종사자규모	음식점수(개)	(%)	종사자수(명)	(%)
1~4명	559,338	88.0	1,170,619	64.2
5~9명	61,176	9.6	375,014	20.6
10~19명	11,685	1.8	147,249	8.0
20명 이상	3,541	0.6	131,332	7.2
합계	635,740	100.0	1,824,214	100.0

〈표 22〉년 매출규모별 음식점 및 종사원 분포도

(2015년 기준)

매출규모	음식점수(개)	(%)	종사원수(명)	(%)
50 만원 미만	156,598	34.1	282,449	20.2
50~100만원	150,523	32.8	347,310	24.7
100~500만원	132,474	28.8	503,483	365.9
500~1000만원	15,862	3.4	152,236	10.8
1000만원 이상	4,294	0.9	118,160	8.4
합계	459,252	100.0	1,403,638	100.0

〈표 23〉 음식점업 시도별 현황(2015)

구분	사업체수	사업체수 비중	종사자수	매출액	업체당 매출액	1인당 매출액
전국	635.7	100	1,824.2	79,579.6	125.1	43.6
서울	116.8	18.4	409.1	19,559.5	167.4	47.8
부산	47.1	7.4	135.7	5,921.2	125.6	43.6
대구	31.4	4.9	84.8	3,513.7	112.0	41.5
인천	29.8	4.7	85.1	3,845.9	128.9	45.2
광주	17.1	2.7	50.3	2,163.1	126.3	43.0
대전	18.3	2.9	54.2	2,559.1	140.0	47.2
울산	16.1	2.5	42.9	2,043.7	126.9	47.6
세종	1.6	0.2	4.1	185.2	116.7	44.7
경기	126.7	19.9	387.3	17,754.4	140.1	45.8
강원	29	4.6	68.8	2,521.8	86.9	36.7
충북	22.7	3.6	56.4	2,227.0	98.0	39.5
충남	28.2	4.4	71.8	3,056.2	108.3	42.6
전북	22.7	3.6	60.2	2,202.3	96.9	36.6
전남	25.6	4.0	60.7	2,262.0	88.5	37.3
경북	41.8	6.6	95.6	3,788.9	90.6	39.6
경남	49.9	7.8	125.4	4,906.1	98.3	39.1
제주	10.8	1.7	31.7	1,039.6	96.5	32.8

〈표 24〉 프랜차이즈 산업 주요 3개국 현황

구분	한국(2015년)	일본(2012년)	미국(2010년)
가맹본부 수	3,482	1,281	2,300
가맹점 수	207,068	240,000	767,000
매출액(년)	약 102조	약 22조 287억 엔	1조 달러
고용인원	124만	200~300만	1,740만
외식업 비중	본부 72% 가맹점 44%	외식업 17.5% (매출기준) 외식업 41.8% (본부기준)	외식업 42% 패스트푸드 31%

〈표 25〉 외식 프랜차이즈 현황

구분	외식가맹 본부 수	전체가맹 본부 수	외식가맹점 수	전체가맹점 수
2011	1,309(64%)	2,042	60,268(40.5%)	148,719
2012	1,598(66.4%)	2,405	68,068(39.8%)	170,926
2013	1,810(67.5%)	2,678	72,903(41.3%)	176,788
2014	2,089(70.3%)	2,973	84,046(44.1%)	190,730
2015	2,251(72.4%)	3,482	88,953(45.8%)	194,199

〈표 26〉 국내 프랜차이즈 현황(2015 기준)

가맹본부	가맹점
외식업 72%	외식업 46%
서비스업 19%	서비스업 31%
도·소매업 9%	도·소매업 23%

〈표 27〉 국내 프랜차이즈 현황(2015 기준)

년도	가맹본부 수	가맹브랜드 수	직영점 수	가맹점 수
2010년	2,042	2,550	9,477	148,719
2015년	3,482	4,288	12,869	194,199

〈표 28〉 국내 프랜차이즈 업종별 브랜드 수(단위:개)

년도	전체	외식업	서비스업	도소매업
2011년	2,947	1,942	593	392
2012년	3,311	2,246	631	434
2013년	3,691	2,263	743	325
2014년	4,288	3,142	793	353

〈표 29〉 국내 외식 프랜차이즈 가맹점 수(단위:개)

치킨	한식	주점	피자·햄버거
22,529	20,119	10,934	8,542
커피전문점	제빵·제과	분식·김밥	일식·서양식
8,456	8,247	6,413	2,520

〈표 30〉 외식 업종별 신생률(단위:%)

업종	수도권				비수도권
	서울	인천	경기	평균	
한식음식점	7.6	8.1	7.9	7.8	7.1
중식음식점	7.5	5.4	8.4	7.7	5.3
일식음식점	10.7	6.5	11.1	10.5	9.0
경양식음식점	9.9	13.6	11.8	10.6	10.8
패스트푸드점	9.4	10.9	12.1	10.8	13.4
치킨전문점	10.2	10.8	10.7	10.5	10.9
분식음식점	6.4	11.5	11.3	8.5	9.9
주점	9.6	8.4	10.2	9.7	8.0
커피숍	20.7	22.1	24.7	22.5	20.0

〈표 31〉 업종별 활동업체수 증감률(단위:%)

업종	수도권				비수도권
	서울	인천	경기	평균	
한식음식점	-1.3	-0.5	-1.1	**-1.1**	-0.4
중식음식점	0.1	-2.1	0.2	**-0.1**	-1.6
일식음식점	3.3	0.6	3.4	**3.1**	3.3
경양식음식점	1.6	5.7	3.5	**2.3**	2.0
패스트푸드점	-0.7	4.0	5.3	**2.4**	7.0
치킨전문점	1.4	0.9	2.9	**2.1**	3.8
분식음식점	-3.4	0.7	1.4	**-1.4**	1.9
주점	-0.3	0.2	0.9	**0.3**	1.2
커피숍	15.1	20.8	20.7	**18.0**	13.1

〈표 32〉 업종별 5년 생존율(단위:%)

업종	수도권				비수도권
	서울	인천	경기	평균	
한식음식점	55.4	57.0	56.4	**56.0**	61.7
중식음식점	63.5	69.6	61.4	**63.1**	72.2
일식음식점	59.5	50.0	57.3	**58.2**	68.0
경양식음식점	61.4	48.7	59.3	**60.5**	61.2
패스트푸드점	53.0	69.4	60.4	**58.2**	63.9
치킨전문점	61.9	54.7	59.8	**60.0**	63.4
분식음식점	49.9	54.0	49.8	**50.4**	58.0
주점	59.0	63.9	58.2	**59.1**	65.7
커피숍	57.4	64.8	48.7	**54.5**	51.6

〈표 33〉 수도권 업종별 생존기간 10년 미만 비율

업종	수도권(%)				비수도권(%)
	서울	인천	경기	평균	
한식음식점	53.9	50.4	56.7	**54.9**	45.9
중식음식점	47.3	45.2	53.7	**49.9**	37.5
일식음식점	63.5	46.4	62.2	**61.7**	54.0
경양식음식점	59.4	64.5	64.7	**61.2**	56.7
패스트푸드점	78.2	73.8	69.4	**73.7**	62.6
치킨전문점	68.5	69.7	71.6	**70.3**	66.5
분식음식점	43.6	65.7	64.3	**52.7**	57.0
주점	58.8	52.0	61.3	**59.1**	55.3
커피숍	86.5	76.2	84.4	**84.5**	70.3

〈표 34〉 업종별 상주인구기준 포화도 상위 지역

업종	서울	인천	경기
한식음식점	중구(3.6)	옹진군(2.1)	가평군(3.5)
중식음식점	중구(3.5)	중구(2.3)	가평군(2.8)
일식음식점	중구(3.8)	강화군(1.9)	평택시(2.9)
경양식음식점	종로구(2.9)	중구(2.0)	포천시(3.0)
패스트푸드점	강남구(4.7)	중구(1.5)	가평군(3.6)
치킨전문점	중구(2.4)	동구(1.6)	연천군(2.7)
분식음식점	종로구(3.3)	동구(1.9)	연천군(4.0)
주점	마포구(2.4)	부평구(1.3)	구리시(2.5)
커피숍	중구(3.9)	강화군(1.8)	연천군(3.2)

〈표 35〉 2015년 활동업체 현황(단위:개,%)

| | | 전국 | 수도권 | | | | 비수도권 |
			서울	인천	경기	평균	
한식 음식점	개수	289,358	53,092	11,408	58,235	**122,735**	166,623
	증감	-2,015	-680	-56	-623	**-1,359**	-656
	증감률	-0.7	-1.3	-0.5	-1.1	**-1.1**	-0.4
중식 음식점	개수	21,428	4,030	999	3,970	**8,999**	12,429
	증감	-218	4	-21	6	**-11**	-207
	증감률	-1.0	0.1	-2.1	0.2	**-0.1**	-1.6
일식 음식점	개수	12,784	4,844	645	2,499	**7,988**	4,796
	증감	394	155	4	82	**241**	153
	증감률	3.2	3.3	0.6	3.4	**3.1**	3.3
경양식 음식점	개수	27,023	9,463	575	4,141	**14,179**	12,844
	증감	568	148	31	139	**318**	250
	증감률	2.1	1.6	5.7	3.5	**2.3**	2.0
패스트 푸드점	개수	8,283	1,738	366	1,837	**3,941**	4,342
	증감	378	-13	14	93	**94**	284
	증감률	4.8	-0.7	4.0	5.3	**2.4**	7.0
치킨 전문점	개수	36,895	5,745	1,987	8,966	**16,698**	20,197
	증감	1,085	80	18	250	**348**	737
	증감률	3.0	1.4	0.9	2.9	**2.1**	3.8
분식 음식점	개수	41,454	12,075	2,094	7,171	**21,340**	20,114
	증감	73	-423	15	102	**-306**	379
	증감률	0.2	-3.4	0.7	1.4	**-1.4**	1.9
주점	개수	65,775	12,396	3,908	13,941	**30,245**	35,530
	증감	512	-39	6	120	**87**	425
	증감률	0.2	-0.3	0.2	0.9	**0.3**	1.2
커피숍	개수	50,270	11,055	2,446	9,712	**23,213**	27,057
	증감	6,666	1,453	421	1,664	**3,538**	3,128
	증감률	15.3	15.1	20.8	20.7	**18.0**	13.1

〈표 36〉 국내 주요 50개 외식업체 2016년 실적

	법인명	대표브랜드	매출액		
			2016년	증감률	2015년
1	파리크라상	파리바게뜨	1,777,178,739,028	2.86%	1,727,743,711,101
2	CJ푸드빌	빕스	1,250,423,221,494	3.66%	1,206,274,856,583
3	스타벅스코리아	스타벅스	1,002,814,318,251	29.58%	773,900,207,510
4	롯데GRS	롯데리아	948,881,502,698	-1.17%	960,107,706,719
5	이랜드파크	애슐리	805,448,929,846	11.06%	725,259,064,288
6	농협목우촌	또래오래	539,706,247,053	06.05%	574,447,698,787
7	비알코리아	던킨도너츠	508,589,410,709	-2.24%	520,244,187,126
8	교촌에프앤비	교촌치킨	291,134,570,511	13.03%	257,568,343,023
9	비케이알	버거킹	253,165,340,964	-9.10%	278,519,490,955
10	제너시스BBQ	BBQ	219,753,548,128	1.80%	215,859,733,466
11	청오디피케이	도미노피자	210,258,669,230	7.61%	195,397,386,682
12	해마로푸드서비스	맘스터치	201,871,094,029	35.82%	148,630,305,769
13	에스알에스코리아	KFC	177,025,154,533	1.32%	174,724,909,649
14	더본코리아	새마을식당	174,871,404,102	41.18%	123,861,782,375
15	본아이에프	본죽	161,915,426,742	12.99%	143,298,606,904
16	이디야	이디야커피	153,544,611,986	13.30%	135,521,376,709
17	지엔푸드	굽네치킨	146,963,838,585	49.35%	98,403,070,608
18	커피빈코리아	커피빈	146,020,774,483	5.10%	138,938,692,307
19	할리스에프앤비	할리스커피	128,620,870,080	18.45%	108,584,230,041
20	놀부	놀부부대찌개	120,371,880,274	0.61%	119,644,883,536
21	엠피그룹	미스터피자	97,057,713,543	-12.03%	110,334,442,101
22	한솥	한솥도시락	93,450,170,833	8.69%	85,977,883,670
23	탐앤탐스	탐앤탐스	86,904,811,559	-2.09%	88,763,650,721
24	아모제푸드	카페아모제	77,709,476,186	-10.79%	87,021,856,784
25	카페베네	카페베네	76,579,195,280	-30.45%	110,110,201,113
26	토다이코리아	토다이	75,712,432,549	1.81%	74,366,111,820
27	원앤원	원할머니보쌈	75,335,571,616	-1.76%	76,685,431,644
28	디딤	신마포갈매기	65,752,103,510	6.20%	61,915,832,179
29	엔티스	경복궁	64,214,566,518	0.04%	64,191,883,374
30	전한	강강술래	62,605,427,065	16.76%	53,617,791,947

	법인명	대표브랜드	영업이익		
			2016년	증감률	2015년
1	파리크라상	파리바게뜨	66,466,341,645	-2.83%	68,401,992,788
2	CJ푸드빌	빕스	7,612,835,874	-27.61%	10,515,825,667
3	스타벅스코리아	스타벅스	85,263,869,944	80.87%	47,141,285,776
4	롯데GRS	롯데리아	19,265,680,668	43.52%	13,423,529,274
5	이랜드파크	애슐리	-13,042,395,296	적자지속	-18,567,855,117
6	농협목우촌	또래오래	2,388,904,185	-43.58%	4,234,412,263
7	비알코리아	던킨도너츠	40,507,512,902	-21.78%	51,789,190,475
8	교촌에프앤비	교촌치킨	17,697,273,857	16.81%	15,150,420,135
9	비케이알	버거킹	10,753,419,177	-11.41%	12,138,378,984
10	제너시스BBQ	BBQ	19,119,575,719	37.65%	13,889,867,948
11	청오디피케이	도미노피자	26,148,974,238	14.85%	22,763,349,909
12	해마로푸드서비스	맘스터치	17,257,002,377	93.95%	8,897,630,011
13	에스알에스코리아	KFC	-12,262,188,782	적자전환	2,519,865,023
14	더본코리아	새마을식당	19,762,485,462	80.08%	10,974,482,886
15	본아이에프	본죽	9,643,020,060	108.54%	4,624,133,933
16	이디야	이디야커피	15,785,054,983	-3.36%	16,333,174,813
17	지앤푸드	굽네치킨	14,074,334,840	150.02%	5,629,268,870
18	커피빈코리아	커피빈	6,415,508,347	63.97%	3,912,507,369
19	할리스에프앤비	할리스커피	12,733,558,418	85.71%	6,856,590,390
20	놀부	놀부부대찌개	4,471,311,917	71.67%	2,604,572,263
21	엠피그룹	미스터피자	-8,906,726,136	적자지속	-7,258,907,426
22	한솔	한솔도시락	7,537,969,650	-3.90%	7,844,235,483
23	탐앤탐스	탐앤탐스	2,361,398,129	-46.33%	4,399,702,445
24	아모제푸드	카페아모제	-691,750,183	적자지속	-514,452,289
25	카페베네	카페베네	-554,827,454	적자지속	-4,381,991,762
26	토다이코리아	토다이	1,890,163,061	-34.38%	2,880,632,811
27	원앤원	원할머니보쌈	1,906,415,161	28.04%	1,488,921,918
28	디딤	신마포갈매기	5,531,547,756	109.18%	2,644,406,000
29	엔티스	경복궁	3,495,529,796	6.93%	3,268,846,170
30	전한	강강술래	6,253,723,716	156.51%	2,438,038,325

	법인명	대표브랜드	당기순이익		
			2016년	증감률	2015년
1	파리크라상	파리바게뜨	55,101,759,875	6.56%	51,707,226,710
2	CJ푸드빌	빕스	5,213,030,763	흑자전환	-7,399,515,626
3	스타벅스코리아	스타벅스	65,250,646,249	130.68%	28,286,458,919
4	롯데GRS	롯데리아	-11,328,471,862	적자지속	-57,188,774,814
5	이랜드파크	애슐리	-80,415,701,255	적자전환	3,259,340,450
6	농협목우촌	또래오래	176,061,903	-96.06%	4,474,241,678
7	비알코리아	던킨도너츠	35,748,612,156	-17.04%	43,090,305,701
8	교촌에프앤비	교촌치킨	10,333,269,262	48.13%	6,975,624,101
9	비케이알	버거킹	8,041,478,568	-6.98%	8,644,484,103
10	제너시스BBQ	BBQ	5,622,355,657	25.79%	7,575,978,570
11	청오디피케이	도미노피자	20,886,060,816	15.86%	18,027,199,494
12	해마로푸드서비스	맘스터치	9,295,865,326	52.53%	6,094,487,395
13	에스알에스코리아	KFC	-18,989,243,531	적자전환	1,239,410,933
14	더본코리아	새마을식당	19,246,938,573	176.53%	6,960,110,664
15	본아이에프	본죽	6,541,937,183	666.68%	853,282,435
16	이디야	이디야커피	11,157,627,325	-14.73%	13,085,209,896
17	지앤푸드	굽네치킨	9,051,485,230	98.68%	4,555,730,841
18	커피빈코리아	커피빈	4,274,213,864	68.04%	2,543,614,329
19	할리스에프앤비	할리스커피	9,112,688,828	97.97%	4,603,109,833
20	놀부	놀부부대찌개	34,729,365	흑자전환	-1,185,695,358
21	엠피그룹	미스터피자	-13,169,290,522	적자지속	-5,685,686,269
22	한솔	한솔도시락	5,937,412,411	-6.94%	6,379,860,772
23	탐앤탐스	탐앤탐스	-2,700,843,324	적자전환	1,006,075,983
24	아모제푸드	카페아모제	-2,894,719,809	적자지속	-2,831,863,842
25	카페베네	카페베네	-24,199,662,544	적자지속	-33,998,615,819
26	토다이코리아	토다이	-302,769,030	적자전환	60,192,423
27	원앤원	원할머니보쌈	1,050,809,166	-46.68%	1,970,922,444
28	디딤	신마포갈매기	3,882,856,783	206.73%	1,265,883,943
29	엔티스	경복궁	870,450,996	62.51%	535,619,685
30	전한	강강술래	4,044,752,337	204.26%	1,329,361,651

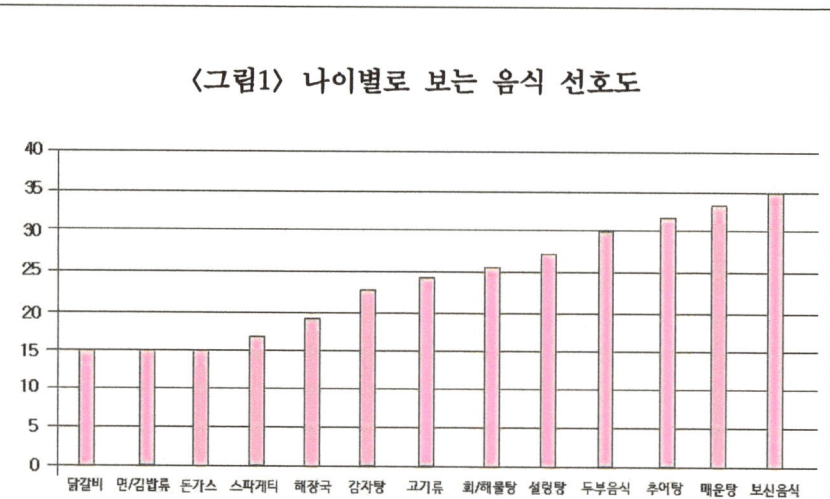

〈그림1〉 나이별로 보는 음식 선호도

〈표 37〉 외식장소 선택기준

연도	식당 선택기준
1985년	가격, 맛, 위생
1990년	맛, 청결, 가격
1995년	맛(87.1%), 서비스(4.6%), 분위기(4.4%)
2000년	맛(77%), 서비스(37.4%), 분위기(32.7%)
2005년	맛(72.3%), 가격(15.5%), 양(4.4%)
2010년	맛(71.2%), 분위기(10.2%), 교통(8.4%)
2015년	맛(82.6%), 분위기(25.2%), 교통(21.3%)
2017년	맛(77.3%), 분위기(7.1%), 가까운 위치와 교통(6.8%)

〈표 38〉 상권별 특징

구분	특징
오피스	- 말, 저녁 공백. - 직장인 상권의 경우 짧은 이동을 선호하는 경향이 강하여 어디에 입지하는가가 중요함. - 따라서 오피스 이면 유동인구가 많은 곳이 상대적으로 유리. - 직장인을 목표시장으로 하는 만큼 규모를 크게 하고 현대화된 환경으로 창업하는 것이 유리.
역세권	- 영업시간이 상대적으로 길고 자영업자의 피로도가 큼. - 24시간 성황, 주말 유입인구가 크고 업종이 다양하며 유흥성향이 상대적으로 강한 상권 곱창전문점은 B급지에 입지하는 것이 적당.
대학가	- 찾아다니며 소비하는 성향이 강해 상권이 넓게 형성. 따라서 입지 선택의 여건이 상대적으로 양호.
주택가	- 평일 공백 - 가족단위 소비자를 유입할 수 있는 환경을 구축하는 것이 필요
전문 쇼핑가	- 업종별 군집형태로 상권 발달 - 쇼핑가 자영업자를 목표시장으로 전문상가 인근에 입지

〈표 39〉 보쌈전문점 최적의 상권입지

적합상권 유형	장·단점	
제1후보지 주택가 진입로변상권	장 점	보쌈전문점 주 수요층의 접근성이 좋은 대단위 주택가 진입로 변 1층 매장이 가장 적합하다.
	단 점	주택가 상권의 경우 직장인 수가 적다. 점심 매출이 기대만큼 나오지 않을 수 있다.
제2후보지 아파트 주거지역	장 점	거주밀집지역의 틈새상권도 좋다. 배달을 전문으로 하는 소규모 업체라면 적극 추천한다.
	단 점	틈새 입지개발이 쉬운 일이 아닌 만큼 단골을 만들기 위한 노력이 필요하다.
제3후보지 역세권, 오피스밀집 상권	장 점	직장인 유동인구가 많은 역세권이나 오피스밀집상권, 먹자상권은 어떤 아이템이 들어가도 반은 먹고 들어갈 수 있다.
	단 점	보증금, 월세, 권리금이 높아 매출은 높으나 수익성이 떨어질 수 있다.

〈표 40〉 장어전문점의 최적 상권입지

제1후보지 사무실 밀집지역 및 도심 오피스상권 먹자골목		제2후보지 도심외곽 관광지 및 강변상권		제3후보지 주택가로 이어지는 대로변	
장점	단점	장점	단점	장점	단점
주택가 상권보다는 관공서 주변상권과 회식 수요가 있는 사무실 밀집지역이 적합하다. 30~50대 남성들의 분포가 많은 지역이라 장어의 수요가 많다.	직장인들을 대상으로 하는 저렴한 가격의 점심 메뉴를 개발해야 한다. 주5일 근무로 주말매출이 저조할 수 있다.	장어 전문점은 보양식품이리는 인식이 크기 때문에 도심 한가운데보다 외곽지역에서 장어를 찾는 사람들이 많다. 임진강 일대, 고창 선운사 일대, 남양주 운길산역 일대가 장어타운이 형성된 이유다.	주말고객층과 평일 고객층의 편차가 크다는 점이다. 수도권 상권의 경우 평일 접근성이 높은 지역 선정이 중요하다.	장어전문점 특성상 주택가 진입로 대로변 매장이 관건이다. 눈에 띄는 입지가 목적 구매고객을 공략할 수 있다.	평일 낮 매출을 담보하기 어렵다. 주부들의 계모임이나 동네의 크고 작은 행사를 유치하는 등 매출 증대를 위한 전략을 세울 필요가 있다.

〈표 41〉 갈비 전문점의 최적의 상권입지

적합상권 유형		장·단점
제1후보지 (대단위 아파트 상권 내 외식상권)	장점	갈비 전문점의 주 수요층이라고 할 수 있는 주부·가족단위고객을 공략하는 데는 1만 세대 이상이 거주하는 아파트상권이 적합하다
	단점	아파트상권의 경우 분양가 거품으로 인해 점포임대가가 높기 때문에 자칫 투자 수익률이 떨어질 수 있는 위험성이 있다.
제2후보지 (주택가상권 대로변 입지)	장점	갈비 전문점은 대형화 전문화 바람을 타고 있는 아이템이다. 가시성과 접근성이 좋은 주택가 상권 진입로 대로변을 추천한다. 대형매장을 공략한다면 지역의 랜드마크 역할을 하면서 안정 수익을 확보할 수 있다.
	단점	대형 매장의 경우 점포구입비와 점포 시설투자비가 높다. 초기투자 비용이 상당하므로 쉽사리 진행하기 어렵다.
제3후보지 (역세상권 내 먹자골목)	장점	지속적인 안정 수요층을 확보하는 데는 역세상권의 먹자골목도 나쁘지 않다.
	단점	먹자골독 내의 경쟁점포가 많기 때문에 자칫 먹자골목 경쟁우위를 점유하지 못한다면 상권 내 경쟁구도에서 밀려날 수 있는 위험성이 높다.

〈표 42〉 닭갈비 전문점, 대학가·먹자골목 최적의 상권 입지

적합상권 유형		장·단점
제1후보지 (지하철역 인근 먹자골목)	장점	지하철역 인근 먹자골목이나 중심상가 이면도로는 닭갈비 전문점의 최적 입지다. 내부가 들여다보이는 1층 매장이면 더욱 좋다. 우선 유동인구가 많고, 저녁모임이 많이 이루어지는 곳이라 소모임이나 회식수요가 많다.
	단점	주 영업시간이 밤이기 때문에 늦은 시간까지 영업을 해야 한다. 체력이 뒷받침되지 않으면 운영에 차질을 빚을 수 있다.
제2후보지 (대학가 주변)	장점	닭갈비에 대한 선호도가 가장 높은 계층이 모이는 지역이다. 맛과 서비스에 관리를 잘하면 단골손님 확보가 용이하다.
	단점	점포 구입단계에서 투자비용이 높다. 물건을 구하기도 쉽지 않다. 어설프게 접근하면 손해만 볼 확률이 높다.
제3후보지) (사무실주변 유동인구 많은 곳)	장점	직장인들의 모임 장소로 콘셉트를 잡는 게 중요하다. 점심메뉴를 개발해 점심영업을 기대 할 수 있다.
	단점	주말 매출을 기대하기 어렵다. 저녁 매출이 중요한 업종이지만, 퇴근시간대 매출이 생각만큼 나오지 않을 가능성도 있다.

관통도로와 교통량에 따른 매출

관통도로란 시 경계선에서 시내와 시외를 연결하는 주요 도로를 말한다. 적은 자본으로 음식 장사로 한몫 잡고 싶다면 이들 관통도로의 교통량을 분석하는 것이 좋다. 국내에는 도시 크기가 매우 크고 근처에 거대 위성 도시를 끼고 있어도 관통도로에 하루 20만대가 넘는 교통량을 보이는 지역이 없다. 그럼 관통 도로의 교통량이 대강 어느 정도이면 음식점의 장사가 잘되는 것일까?

교통량이 많이 발생하는 관통 도로에는 도로를 따라 여러 개의 핵심 상권이 자생하고 있다. 음식점을 이 핵심 상권에 입점시키는 것도 좋은 방법이지만 건물 임대료가 비싸다. 이럴 경우에는 교통량을 믿고 대로변에 음식점을 입점시키는 것도 생각해볼 만하다. 남태령 고개를 예로 들어보면, 남태령 고개는 경기도 과천과 서울 사당동을 연결하는 고개 이름이다. 이 고개를 따라 서울 방향으로 발전한 상권이 사당동 역세권이다. 그 밑으로는 방배동 상권이 있다. 예전에는 시계를 연결하는 단순한 도로에 불과했으나 서울 외곽에서 서울 시내로 출퇴근하는 사람들이 많아지면서 사당동은 대형 상권으로 발전하였다.

관통 도로와 같은 대로변에 음식점을 입점시킬 때는 하루 평균 5만 대 정도의 교통량이 발생하는 도로로 생각해볼 만하다. 5만 대 수준이면 대강 맛이 있거나 분위기가 있는 요식업소라면 매출이 일정 이상으로 발생한다.

그렇다면 교통량 계산은 어떻게 하나? 어떤 한 지점의 교통량은 일반적으로 출근이 시작되는 아침 7시를 전후로 해서 늘어나기 시작한 뒤 8시부터 9시 사이가 그날의 최고 피크 타임이 된다. 그런 뒤 교통량이 일정 수준으로 계속 유지되다가 오후 퇴근 시간이 되자 교통량이 다소 늘어났다가 새벽 1시면 현저하게 줄어든다는 공통점이 있다.

즉 아침 9시대에 피크를 이루고 점심을 전후로 약간씩 줄어들었다가 저녁 퇴근 시간대에 다시 피크를 이룬 뒤 새벽 1시까지 천천히 감소하다가 새벽 1시를 넘으면 현저하게 줄어든다. 이로 인해 아침 피크 시간대의 교통량과 교통량이 제일 적은 새벽 4시경의 교통량은 3배에서 5배 정도의 차이가 발생한다.

관통 도로에서의 교통량은 오전(07~09시), 점심(11~14시), 퇴근 시간(17~19시) 사이에 측정한다. 새벽 1시부터 아침 7시까지의 교통량은 피크 타임의 3분의 1로 계산한 후 평균을 잡으면 하루 교통량의 윤곽이 대강 잡힌다.

일반적으로 주거 지역에서는 21시~23시 사이에 교통량이 점차 줄어들지만, 심야 영업이 활발한 지역은 21시~23시경에 다소 교통량이 늘어나는 특징을 가지고 있다. 따라서 술집을 창업하려면 그 지역(먹자골목 등)의 밤 21시부터 23시까지의 교통량을 측정하는 것이 좋다. 만일 21시를 기준으로 시간당 교통량의 유입 유출 합계가 3천대 이상이라면 그 지역은 심야 상권이 활발한 지역이라고 볼 수 있다.(밤 9시부터 10시까지 3천대 이상의 유동량을 보이는 도로라면 그 도로는 교통 정체가 상당히 심한 도로라고 말할 수 있다.)

〈표 43〉 서울의 관통 도로 교통량

도로 명	교통량(대)
양재대로	약 13만
시흥대로	약 12만
하일동	약 10만
남태령	약 9만
통일로	약 9만
도봉로	약 7만 9천
망우리	약 7만 7천
복정 검문소	약 6만
서하남	약 6만
서오릉	약 4만

창업할 수 있는 외식업 종목

한정식 전문점/ 산채요리 전문점/나물요리 전문점/ 약선요리 전문점/ 궁중요리 전문점/ 사찰음식 전문점/ 한식당/ 한식배달 전문점/ 생선구이백반 전문점/ 연탄구이백반 전문점/ 우렁된장 전문점/ 대통밥 전문점/ 중화요리 전문점/ 중화요리 뷔페/ 테이크아웃 중화요리 전문점/ 중화요리 패밀리 레스토랑/ 기사식당/ 5,000원 기사식당/ 돼지김치찌개 전문 기사식당/ 해물탕 전문 기사식당/ 연탄구이 기사식당/ 일식집/ 활어횟집/ 장어 전문점/ 초밥 전문점/ 퓨전초밥 전문점/ 회전초밥 전문점/ 일본음식 전문점/ 보쌈 전문점/ 부대찌개 전문점/ 수제 부대찌개 전문점/ 빈대떡 전문점/ 족발 전문점/ 닭갈비 전문점/ 찜닭 전문점/ 바비큐 치킨 전문점/ 통닭 전문점/ 닭볶음탕 전문점/ 삼계탕 전문점/ 죽 전문점/ 덮밥 전문점/ 비빔밥 전문점/ 돌솥밥 전문점/ 가마솥밥 전문점/ 철판볶음밥 전문점

참치회 전문점/ 꽃게탕 전문점/ 해물탕 전문점/ 민물새우 전문점/ 낙지요리 전문점/ 랍스타 전문점/ 조개구이 전문점/ 꼬치구이 전문점/ 밴댕이요리 전문점/ 올갱이국 전문점/ 돼지갈비 전문점/ 삼겹살 전문점/ 생고기 전문점/ 연탄불고기 전문점/ 화로 숯불고기 전문점/ 한우 전문점/ 떡볶이 전문점/분식 전문점/ 만두 전문점/ 즉석김밥 전문점/ 카레요리 전문점/ 수제어묵 전문점/ 수제 햄버거 전문점/ 수제핫도그 전문점/ 호두과자 전문점/ 왕만두 전문점/ 멸치국수 전문점/ 잔치국수 전문점/ 회국수 전문점/ 막국수 전문점/ 우동 전문점/ 라면 전문점/ 칼국수 전문점/ 손칼국수 전문점/ 콩칼국수 전문점/ 바지락 칼국수 전문점/ 수제비 전문점/ 닭수제비 전문점/ 퓨전음식 전문점/ 일식돈가스 전문점/ 바비큐 전문점/ 샤브샤브 전문점/ 버섯요리 전문점/ 두부요리 전문점/ 두루치기 전문점/ 보리밥 전문점/ 쌈밥 전문점/ 떡갈비 한정식 전문점

추어탕 전문점/ 매운탕 전문점/ 동태탕 전문점/ 감자탕 전문점/ 영양탕 전문점/ 오리요리 전문점/ 설렁탕 전문점/ 해장국 전문점/ 뼈다귀 해장국 전문점/ 콩나물 해장국 전문점/ 소해장국 전문점/ 카페/ 락카페/ 북카페/ 룸카페/ 커피숍/ 룸커피숍/ 테이크아웃 커피 전문점/ 보드게임 카페/ 막걸리 전문점/ 연탄불 생선구이 주점/ 일본식 주점/ 퓨전 주점/ 연탄불 안주 주점/ 철판요리 주점/ 포차 주점/ 맥주 전문점/ 세계맥주 전문점/ 호프 전문점/ 소주방/ 단란주점/ 룸살롱/ 노래방/ 비즈니스 바/ 웨스턴 바/ 칵테일 바/ 마술쇼 바/ 모던 바/ 클럽/ 제과점/ 떡 전문점/ 피자 전문점/ 파스타 전문점/ 스파게티 전문점/ 이태리요리 전문점/ 프랑스요리 전문점/ 터키요리 전문점/ 베트남쌀국수 전문점/ 양꼬치 전문점/ 말고기 전문점/ 북한음식 전문점/ 외국음식 전문점/ 패스트푸드/ 패밀리 레스토랑/ 샐러드 레스토랑/ 해물 뷔페/ 고기 뷔페/ 가든형 음식점/ 반찬집/ 1만원 고기안주 주점/ 1만원 해산물안주 주점/ 무한리필 안주 주점/ 무한리필 음식 전문점/ 무한 토핑 주점

〈표 44〉 추정소요자금 계획

과목	금액	비고
1. 매출액	0	서비스매출 + 상품매출
1) 서비스	0	(서비스매출)
2) 상품매출	0	(상품 또는 음식 판매 매출)
2. 매출원가	0	상품의 원가
3. 매출이익	0	매출액 - 매출원가
4. 판매관리비	0	
1) 급료	0	직원급여, 사업자급여
2) 복리후생비	0	직원복리후생, 4대보험, 식대 등
3) 임차료	0	임차료
4) 수도광열비	0	전기세, 수도세, 가스 등
5) 통신료	0	전화, 인터넷, 휴대폰
6) 수수료	0	세무대행료, 신용카드 수수료, 정수기, POS 등
7) 소모품비	0	1회용품, 청소용품, 주방용품
8) 감가상각비	0	취득원가-잔존가치/내용연수
9) 광고비	0	전단지, 홍보비 등
10) 기타경비	0	
5. 영업이익	0	매출이익 - 판매관리비
6. 영업외 비용	0	
1) 지급이자	0	대출금은행이자
7. 영업외 수익	0	이자수익 등
8. 경상이익	0	영업이익 - 영업외비용 + 영업외수익
9. 세전순이익	0	경상이익 - 특별손실 + 특별이익
10. 세금	0	1년 부가가치세, 소득세/12개월
11. 순손익	0	세전순이익 - 순이익

매출액 추정과 투자 수익률 분석
매출액 추정 방법 1개월 동안의 수익 X 12개월 = 적정 권리금
월 매출액 통행인구수 X 내점률 X 1인구매단가(객단가) X 월간 영업일수

〈표 45〉 투자수익률 및 투자회수기간 판단 기준

사업성 판단기준	투자수익률	투자비회수기간
매우 우수	4.3% 이상	2년 이내 회수
우수	3~4.2%	2~3년 회수
보통	2.2~3%	3~4년 회수
불량	2.1% 미만	4년 이상 회수

〈표 46〉 입지 후보지 선정

1	업종(목적)분석	아이템의 소비시간, 소비수준, 소비층, 소비행동, 경쟁점, 보완점을 분석한다.
2	유사업종군집화	소비패턴과 소비특성 등이 유사한 업종을 군집화한다.
3	1차 지역선정	군집화된 업종의 환경 조사
4	적합도 분석	상권과 업종의 적합도와 경쟁점과 보완점을 조사한다.
5	2차 후보지선정	적합도가 높으며, 임대조건 등이 좋은 지역 선정
6	변화요인 분석	도시계획, 공급률 등을 조사하여 미래변화요인을 조사한다.
7	타당성 분석	추정손익, 투자대비, 수익률 등 사업타당성을 분석한다.
8	최종	최종 결정

〈표 47〉 환경 분석(3C 분석)

3c	분석 내용	전략 방향
Customer	- 상권 반경 1km 내 - 배후세대를 주택가로 두고 있는 2종 근린생활 상권 - 30~40대 매니아층, 가족 수요 상존 - 31,500세대, 88,700명(주택 80%)	양질의 제품 확보 정당한 가격 정책
Company	- 기능적 능력의 확보 - 공급자 확보 - 20년 이상 거주로 잠재 수요 확보	제품의 질 유지
Competitor	- 경쟁점포 7개소(곱창 6, 양구이 1) - A급 경쟁점포 1개 - 경쟁점 대비 차별화 요소 약함 - 기존 점포의 고객 충성도 높음	양심의 제품 공급과 마케팅으로 새로운 맛집으로 부상

〈표 48〉 사업 방향의 설정

구분	사업 방향 설정
목표고객	- 상권 내 30~40대 - 배후세대 가족 고객
핵심경쟁력	- 기술적 능력 - 양질의 제품에 대한 지속적인 제공능력
실행방안	- 독산동 내장 도매상과의 협업 - 블로그 운영 - 스토리텔링에 의한 고객충성도 고취
업종현황 및 전망	- 공급이 한정적이고 손질에 어려움이 있는 반면, 매니아층을 중심으로 수요가 꾸준하여 향후 전망 또한 안정적임.

〈표 49〉 시설계획

인테리어 컨셉	-젠 스타일 추구로 유행을 타지 않으면서 안정감 추구 -가족 고객을 위한 편안한 테이블 셋팅 -배연 시설에 중점			
시설 계획	-동선을 고려한 설계 -주방면적, 홀 면적, 테이블 수, 마감재 기재 철거, 목공, 전기, 조명, 마감 계획의 구체화 -간판 디자인			
시설 자금	품명	수량(m²)	3.3m² 당 단가	금액
	인테리어(홀)	66	800,000	16,000,000
	인테리어(주방)	19	400,000	2,000,000
	잡기 비품 등			5,000,000
	간판 외			2,000,000
	합계			25,000,000

〈표 50〉 구매계획

구매전략	-독산동 내장 소매상 2곳 이상 확보 -세금계산서 수취가 가능한 식자재 업체 확보 -결제조건, 반품 조건 등을 명확히 함. -집기 비품 구매 목록표 작성					
	구입품명	**구입처**	**거래조건**	**연락처**	**금액**	**비고**
식자재	곱창, 양깃머리 외					
	식자재					
	주류					
집기/비품	주방 용품					
	홀 용품					

〈표 51〉 판매계획

	메뉴명	**수량(g)**	**단가**	**금액(일)**	**비고**
판매계획	곱창	200	15,454	772,700	부가세 별도
	양깃머리	200	20,000	200,000	
	곱창모둠	200	13,636	272,720	
	염통	200	9,090	45,450	
	간, 천엽		4,545	22,725	
	주류		2,727	149,985	
	합계			1,463,580	

〈표 52〉 원가계획

	원부자재	소요량(일)	구입단가	금액	비고
매출원가	곱창	1보			
	양깃머리	2kg			
	막창	1보			

〈표 53〉 인력 및 인건비 계획

직책	인원	급여	총액	비고
실장(주방/홀)	2	1,600,000	3,200,000	
직원(홀)	2	1,400,000	2,800,000	
보조(주방)	1	800,000	800,000	
합계	5	3,800,000	6,800,000	

〈표 54〉 소요자금 및 조달계획

구분		내역	금액	산출근거
소요자금	시설자금	임차보증금	40,000,000	임대차계약서
		권리금	20,000,000	권리양도계약서
		인테리어비	20,000,000	견적서
		집기 비품	5,000,000	견적서
		소계	85,000,000	
	운영자금	운영자금	25,000,000	매출계획의 약 65%
		소계	25,000,000	
	합계		110,000,000	
조달계획	자기자금	현금/예금	70,000,000	통장
		소계	70,000,000	
	타인자금	은행대출	10,000,000	
		정책자금	30,000,000	창업자금
		소계	40,000,000	
	합계		110,000,000	

〈표 55〉 손익계획

과목	금액		산출근거
1.매출액		39,516,000	매출계획(27일영업일)
2.매출원가		15,806,000	(40%)
3.매출이익		23,710,000	
4.일반관리비		13,875,000	(가~자 합계액)
가.급료	6,800,000		인력계획 참조
나.임차료	5,060,000		
다.관리비	600,000		
라.수도광열비	400,000		
마.통신비	50,000		
바.복리후생비	250,000		
사.광고선전비	100,000		
아.잡비	200,000		
자.잠가상각비	415,000		
5.영업이익		9,835,000	
6.영업외비용		100,000	
가.지급이자	100,000		약 25%
7.영업외수익			
8.경상이익		9,735,000	

〈표 56〉 곱창이야기 수익성

구분	15평(49.5m)	30평(99.1m)
테이블수	일일 2회 기준 테이블수X테이블단가40,000 ▶360,000X2회 ▶720,000	일일 2회 기준 테이블수18X테이블단가40,000 ▶720,000X2회 ▶1,440,000
예상매출	일일 2회 기준 테이블수X테이블단가40,000 ▶360,000X2회 ▶720,000	일일 2회 기준 테이블수18X테이블단가40,000 ▶720,000X2회 ▶1,440,000
예상월매출	영업일30X일매출→ 21,600,000	영업일수30X일매출→43,200,000

〈표 57〉 곱창이야기 창업비용

구분	15평	30평	내용
월매출	21,600,000	43,200,000	
매출원가	8,610,000	17,280,000	원재료+식자재+주류+야채류
건물임대료	2,600,000	4,000,000	임대료/관리비
인건비	4,000,000	7,000,000	15평 주방1 홀2 4,000,000 30평 주방1 홀4 7,000,000
전기,가스 공과금	1,000,000	2,000,000	전기,수도,가스,공과금 등
잡비	500,000	1,000,000	기타 소모품 및 식대
소계	16,140,000	31,280,000	
영업이익	5,460,000	11,920,000	원매출-지출경비(소계)

⟨표 58⟩ 한식당 창업비용의 예

구분	내용	20평	30평	40평	50평	60평	70평
가맹비	브랜드 사용권, 지역독점부여권, 조리교육, OPEN지원 3일	500	500	500	500	500	500
교육비	경영, 조리, 매뉴얼제공, 본사노하우제공, 조리교육 3일	200	200	200	200	200	200
인테리어	목공사, 전기공사, 설비공사, 도장공사, 유리, 도배, 주방, 바닥 시공, 조명, 덕트 등 일체포함	3,000	4,500	6,000	7,500	9,000	10,500
주방기기	냉장고 및 냉동고, 간택기, 육수냉장고, 싱크대,찬 냉장고, 작업대, 밥솥, 컵소독기, 스텐선반, 홀싱크대, 상부선반, 초벌대	37	37	37	37	37	37
주방 및 홈집기	그릇 및 주방집기, 기물, 홀 집기, 앞치마, 전자레인지, 믹서기, 보온고 등	30	30	30	30	30	30
판촉 및 홍보	명함, 빌지패드, 라이터, 메뉴판, 전단지, OPEN현수막, 유니폼(홈, 주방), 오픈행사도우미 2명 외 등	250	250	250	250	250	250
본사지원품목	주류냉장고, 냉동고, 냉각기 및 주류비품 일체, 가스설비시공 (단, 도시가스 제외)						
창업자금지원	무이자, 무담보, 1,000만원부터 최고 5,000만원 까지 가능 (지역 상권, 평수에 따라 차이가 날 수 있음)						
합계		4,017	5,517	7,067	8,567	10,067	11,567

사업자등록증 발급을 위한 행정 절차	
권리금 산정방식	① 신규 위생교육 ② 보건증 발급 ③ 영업신고증 신청 ④ 사업자등록증 신청 ⑤ 보험 가입

〈표 59〉 일반음식점과 휴게음식점 비교

일반음식점	휴게음식점
음식물의 조리 및 판매와 더불어 음주행위가 허용되는 호프집, 한식, 경양식 등	음식물의 조리 및 판매는 가능하나 음주행위가 허용되지 않는 커피숍, 빵집 등

〈표 60〉 일반과세와 간이과세 비교

구분	일반과세사업자	간이과세사업자
매출액	연간매출액 4,800만원 이상	연간매출액 4,800만원 미만
납부세율	공급가액의 10% 부가가치세로 납부	업종별 부가세율을 고려한 세율부과(공급가액의 1.5~4%)
세액공제	매입세액 전액	매입세액의 15~40%
세금계산서	세금계산서 발행과 매입의 의무	세금계산서 발행 불가
예정고지 여부	예정신고기간에 대해 예정신고 또는 예정고지에 의한 징수 원칙	예정신고 및 예정고지 없음
비고		과세기간 매출액이 1,200만원 미만인 경우 부가가치세 면제

〈표 61〉 주요 소셜커머스 사이트 및 연락처

소셜커머스 업체	도메인	연락처
쿠팡	www.coupang.com	1577-7011
티켓몬스터	www.ticketmonster.co.kr	1544-6240
위메이크 프라이스	www.wemakeprice.com	1588-4763
그루폰코리아	www.groupon.kr	1661-0600
지금샵	www.g-old.co.kr	070-4077-4770
슈팡	www.soopang.co.kr	1600-2375
소셜비	www.sociabee.co.kr	1588-5908
달인쿠폰	www.dalincoupon.com	1666-9845

⟨표 62⟩ 온라인마케팅의 하나인 소셜미디어 활용

	블로그	SNS	위키	UCC	마이크로 블로그
사용목적	정보공유	관계형성, 엔터테이먼트	정보공유, 협업에 의한 지식 창조	엔터테이먼트	관계형성, 정보공유
주체:대상	1:N	1:1 1:N	N:N	1:N	1:1 1:N
사용환경 - 채널 다양성	인터넷 의존적	인터넷환경, 이동통신환경	인터넷 의존적	인터넷 의존적	인터넷환경, 이동통신환경
사용환경 - 즉시성	사후기록, 인터넷 연결시에만 정보 공유	사후기록, 현재시점 기록, 인터넷/이동 통신 연결 시 정보공유	사후기록, 인터넷 연결시 창작/공유	사후제작, 인터넷 연결시 콘텐츠 공유	실시간 기록, 인터넷/이동 통신 연결 시 정보공유

〈표 63〉 연간 판매촉진 전략

월별	행사	이벤트 기준 및 판촉활동
1	시무식, 신년회, 설날, 대입합격축하회	POP부착, 새해선물(식사권, 할인권 등)을 연하장에 넣어 DM발송, 내점고객 선물 증정(복주머니, 복조리 등)
2	입춘, 봄방학, 졸업식, 환송회	졸업축하 이벤트, 발렌타인데이 특별 디너세트 판매(꽃, 샴페인증정, 초콜릿), 봄맞이 환경처리 실시, 현수막 부착, DM발송(리스트 입수), 정월대보름 오곡밥 축제
3	입학식, 환영회, 대학개강 파티	입학식, 환영회(행사유치를 위한 사전 홍보활동 및 선물제공), 화이트데이 이벤트 실시, 봄 샐러드 축제와 꽃씨제공
4	봄나들이, 한식, 식목일	신 메뉴 개발, DM, 각종 차량에 안내장 부착
5	어린이 날, 어버이 날, 스승의 날, 성년의 날	어린이날 특선메뉴 및 기념품 제공, 가정의 달 효도대잔치(카네이션, 기념사진 등), 독거 소년·소녀와 노인 초청 행사, 서비스 콘테스트 실시, 광고 등
6	각종 체육회, 현충일	국가 유공자 가족 초대회(할인행사)

월별	행사	이벤트 기준 및 판촉활동
7	여름보너스, 휴가, 초중고 방학	DM, 여름철 특선 메뉴 실시(빙수, 생과일 쥬스, 호프, 야외 바베큐파티 등), 삼복더위 축제
8	여름휴가, 초중고 개학	한여름 더위를 식힐 화채 개발 시식 및 각종 우대권 제공
9	대학개학, 초가을레저, 추석	도시락 개발, 행락철에 T/O
10	운동회, 대학축제, 결혼러시, 단풍놀이 행락객	가을미각축제, 과일축제, 송이축제, 전어축제, DM발송
11	학생의 날, 취직, 승진축하	찜요리 축제, 입시생을 위한 특선메뉴(건강식), 송년회 및 회식안내(DM)
12	송년회, 겨울방학, 겨울레저, 첫눈	크리스마스카드 및 연하장 발송(할인권), 점내 POP부착
기타	단골고객의 날 이벤트 개최, 생일 축하, 월 시식일 등	고객관리, 선물 또는 무료 식사권 제공

일일 매출 규모별 적정 관리 내역

(1) 하루 매상 40만원-창업 실패한 업소

한 달 총매출 : 40만원 x 30일 = 1,200만원

재료비(30%~35% 안팎) : 450만원 안팎

임대료&공과금&인건비(35%~40% 안팎) : 500만원 안팎

순이익률(22%~30%) : 250만원 ~ 350만원(사장이 주방이나 매장일을 하는 상태)

(2) 하루 매상 60만원-평균 성적을 거둔 업소

한 달 총매출 : 60만원 x 30일 = 1,800만원

재료비(30%~35% 안팎) : 600만원 안팎

임대료&공과금&인건비(35%~40% 안팎) : 700만원 안팎

순이익률(23%~32%) : 400만원 안팎(사장이 주방이나 매장일을 절반 정도 하는 상태)

(3) 하루 매상 150만원-대박 아닌 중박을 이룬 업소

한 달 총매출 : 150만원 x 30일 = 4,500만원

재료비(30%~35% 안팎) : 1,600만원 안팎

임대료 & 공과금 & 인건비(35%~40% 안팎) : 1,700만원
안팎

순이익률(25%~33%) : 1,200만원 안팎

(4) 하루 매상 30만원~40만원 일 경우-폐업 갈림길의 음식점

말 그대로 입에 풀칠하고 있는 상황에서 사업을 접지도 못
하는 상황인 음식점을 말한다. 수입이 적기 때문에 사장이
직접 주방일을 할 수밖에 없다. 인건비 지출을 줄여야 하므
로 종업원은 1~2인만 고용할 수 있는 상태다. 종업원 1인 고
용 시 매장을 전부 담당하지 못하므로 사장 부인이 주방일도
거들고 매장일도 거드는 상황이 된다. 이렇게 되면 부부가
힘들어 지게 되고, 부인의 바가지 지수는 높아지며 이때쯤
되면 음식점 장사에 대해 체념하게 된다.

이런 점포는 십중팔구 1년 안에 문을 닫게 되거나, 코가 꿰
인 상태로 어쩌지도 못하고 사업을 하는 상태가 지속된다.

하루 평균 매상 30만원 이하이면 이건 동네에서 관심조차 받지 못하는 음식점이란 뜻이고, 맛없는 집이거나 망해가는 음식점이라는 뜻이다. 다시 말해 동네 손님은 없고, 아주 소수의 단골손님과 우연히 걸려든 뜨내기손님을 받는 업소이다.

5천만원 이하 소자본 창업을 하면서 준비를 제대로 하지 않으면 이런 일이 쉽게 발생한다. 가장 큰 이유는 업종 선택이 잘못되어서이거나, 맛이 없어서이다. 이런 경우 1일 매상 폭의 변동이 매우 심한데 이것은 고객들에게 안 가도 되는 음식점으로 각인됐다는 뜻이다. 창업 15일이 지나도 하루 평균 매상이 30만 원 이하이면 바로 업종 변경을 해야 한다. 만일 밥집이었다면 술을 취급할 수 있는 업종으로 변경을 시도하면 매상을 더 올릴 수 있다.

(5) 하루 매상 60만원 일 경우-생활 유지형 음식점

하루 매상 60만원이라면 월수입이 400~500만원 정도이므로 집에 생활비를 가져갈 수 있고 음식점 경영 목적으로 자동차를 자유롭게 운용할 수 있는 상태이다. 자동차는 더 싼 식재료를 사러 다니는 용도로 사용한다. 우리 주변에서 볼 수 있는 평범한 음식점들보다는 좋은 실적이므로 일단 '맛' 은 어느 정도 인정받은 집이라고 할 수 있다.

일을 할 때 가끔 자기 일이 행복하다는 생각이 들기도 하고 불행하다는 생각이 들기도 한다. 부부는 일심동체로 사업을 키우기 위해 더 열심히 노력하는 상태가 된다. 건물 임대료에 따라 디르겠지만 종업원은 1~2명 징도 고용할 수 있고 부부 중 한 사람이 주방을 맡아 인건비 부담을 줄일 수 있다.

그런데 이 경우가 가장 위험하다. 당장 먹고사는 방법이 마련되어 있으므로 가끔 행복지수가 올라가기는 하는데, 유명 맛집이 아닌 한 음식점의 매상은 세월이 흐를수록 떨어지기 마련이다. 예를 들어 옆집에 더 근사한 음식점이 들어오면 바로 타격이 온다는 뜻이다. 하지만 기존 단골이 있으므로 바로 매상이 떨어지지는 않고 2~5년 세월이 흘러가면서 아주 서서히 매상이 떨어진다. 어느 날은 매상이 90만원인데 어느 날은 매상이 20만원이 되기도 한다.

(6) 하루 매상 100만원일 경우-돈을 모을 수 있는 음식점

월 900만원 안팎의 수익이 발생하므로 몸은 고생해도 행복지수는 날로 높아진다. 월 순이익 1천만원 수준을 넘기면 이젠 자신의 음식점이 성공하였다고 자부하고, 자기는 가만히 있는데도 돈이 굴러들어온다고 착각한다. 이 상태이면 주방장과 종업원을 여러 명 고용한 뒤 부부는 놀러 다닐 수도 있는 상태가 되지만 돈 버는데 재미가 붙어 꼭 매장에 붙어 있으려고 한다. 이 경우 월수입을 전부 쓰지 말고 생활비를 제외한 나머지는 반드시 저축해야 한다. 저축한 금액은 몇 년 뒤 매장을 확장하거나 직영점을 내는 데 활용할 수 있다. 직영점 3개 정도 내면 더 바쁘게 살겠지만 최소한 돈 걱정은 안 하고 살 수 있을 것이다. 또한 천천히 프랜차이즈 사업을 시도할 수도 있다.

(7) 하루 매상 150만원일 경우-흔히 말하는 중박 음식점

하루 매상이 150만원인 점포는 흔히 말하는 중박 이상의 성공한 음식점들이다.

유명 햄버거 프랜차이즈 중에서 입지 조건이 나쁜 지방에 있는 점포인 경우 일매 110만원 정도를 찍는다. 대도시에서 지명도 낮은 지역에 있는 유명 햄버거 체인점들이 일매 130만원~180만원을 찍는다. 그리고 재래시장에서 볼 수 있는 시장 빵집 중 항상 손님이 바글바글대는 빵집이 일매 170만원을 찍는다.

30평 규모의 유명 한식 프랜차이즈 중에서 장사가 잘되는 점포가 일매 150만원 찍고, 장사가 잘되는 주점, 호프집, 고깃집, 일식집, 분식집이 일매 150만원을 찍는다.

(8) 하루 매상 200만 원-흔히 말하는 초대박 음식점

하루 매상 200만 원이면 객단가 7천 원 기준 1일 300인분을 판매하는 초대박 음식점이다. 월 1천 500만원~2천만원의 순수익이 발생한다. 물론 고기를 박리다매하는 주점이라면 이익률이 더 낮아질 것이다. 하루 200만 원 매출이 발생한다면 더할 나위 없이 좋은 시나리오이고 프랜차이즈 사업을 시도해도 성공할 확률이 높다. 또한 매출이 조금 떨어질 무렵이면 장사에 싫증날 수도 있는데 이때 권리금을 많이 받고 바로 팔아 버릴 수도 있다.

그런데 하루 매상 200만원 찍으려면 단골과 유동 인구가 중요하다. A급 상권에 입점한 유명 패스트푸드점, 외식업 체

인점이 일매 200만원 이상 찍는다. A급 상권에서 장사가 잘
되는 고깃집, 한정식, 횟집, 주점, 퓨전음식점, 유명 한식체인
점, 일식집, 분식집이 일매 200만원 이상 찍는다. A급 상권
에 있는 퓨전포차도 히트치면 일매 200만원 이상 찍는다.

(9) 하루 매상 300만원 이상-맛집이거나, 유동 인구가 많거나, 매장 크기가 큰 음식점

유동 인구가 많은 오피스 밀집 지역은 20평 크기의 분식점
도 장사를 잘하면 일매 300만 원 이상 찍기도 한다. 또한 지
방의 전통적인 맛집이거나, 점포 크기가 상대적으로 큰 경우
다. 객단가가 높은 음식점이거나, 부촌에서 장사가 잘되는 음
식점이 이에 속한다.

A급 상권이거나 강남 부촌 등에서 장사가 잘되는 고깃집,
주점 등이 일매 300만원 이상 찍고, A급 상권으로 비즈니스
밀집 지역에서 장사가 잘되는 20평 크기의 분식점이 일매 3
00만 원 이상 찍는다. 대형 아파트단지에서 맛으로 유명한
개인 빵집도 일매 300만원 이상 찍는다.

갈비 숯불구이집이 부촌에서 초히트치면 일매 1,000만원을 찍는다. 바닷가의 유명 횟집이라면 일매 400만원 이상 찍는다. 더 유명하고 드라이브족이 많이 찾는 횟집이라면 일매 700만원을 찍기도 한다. 도시 외곽에 새로 음식점을 세웠는데 맛집으로 유명세를 타면서 손님들이 몰려온다면 일매 300만원 이상 찍고 업종에 따라 일매 500만원 찍는 집과 일매 700만원을 찍기도 한다.

(10) 하루 매상 1천만 원-기업형 음식점

유동 인구가 많은 곳에 위치한 유명 패밀리 레스토랑 가맹점들은 보통 일매 1천만원 이상을 찍는다. 유명 프랜차이즈의 본점은 대부분 대형이다. 이들 중 장사를 잘하는 본점들이 보통 일매 400만원, 500만원을 찍고, 일매 1천만 원 이상 찍는 본점도 있다. 보통 고깃집, 쌈밥집, 보쌈집, 오리요릿집처럼 객단가가 높은 업체들의 본점이 가능하다.

〈표 64〉 한식 갈비집의 초기 창업비용

품목	내용	금액
가맹비	· 상표사용권 부여 및 지역 독점영업권 보장	· 400만원 ※전략지역 할인이벤트 확인
교육비	· 가맹점 운영 교육 및 매뉴얼 제공, 노하우 전수	600만원
물품 보증금	· 본사 공급 원부자재에 대한 예치금(가맹계약 해지 시 반환)	~~400만원~~ → 200만원 ※200만원 할인행사
점포개발비	· 나이스비즈맵과 SK텔레콤 상권분석 시스템	~~100만원~~ → 0원 ※100만원 할인행사
인테리어	· 설계 및 3D 디자인/바닥타일 공사 · 목공사(자재/인건비/유리·금속 공사 · 전기, 조명공사/도장, 필름공사/사인물 일체	4200만원 ※33m² 당 140만원
홀/주방기물	· 2인/4인 테이블, 단체석 일체 등	1500만원
간판	· 외부 전면 잔넬 텍스트 간판 (4M) · 돌출 간판 및 사이드 간판	450만원
기기설비	· 로스터(착화식), 삼중불판 · 냉장/냉동고, 간데기 etc, 육류냉장고 등 · 샐러드바, 아이스크림케이스, 식혜, 커피머신	2250만원
홍보/오픈지원	· 웹카메라 1대/음향기기SET/홍보물 및 조형물 일체	50만원

〈표 65〉 외식업 초기 창업비용(단위 : 만 원)

구분	99.17m²	132.23m²	165.28m²	198.34m²	세부내역	비고
가맹비	800	800	800	800	상호·상표사용(브랜드가치) 등	소멸
교육비	200	200	200	200	메뉴·운영·서비스·식자재 교육	체류비 등 점주부담
인테리어	3900	5200	6500	7800	목공사, 설비, 방수공사, 천정, 전기 등	평당 130만 원
간판	500	600	700	750	전면LED간판, 돌출간판 등	그 외 별도
닥트	550	700	850	1000	외부 2층 기본, 내부 및 주방 닥트	3층 이상 별도
테이블·의자	400	520	640	760	홀 의·탁자	
테이블렌지	270	350	430	510	2구렌지	
주방기기·홀집기	2100	2700	3300	3900	식기세척기, 주방기기 등	주물불판은 본사 무료 대여
인쇄·홍보·소품	200	250	300	400	이벤트, 전단지, 추억의 소품 일체	
합계	8920	1억1320	1억3720	1억6120		

참고문헌

김동순, "중식당 창업 퓨전옷 입고 웰빙 바람" 창업경영신문 (2014.5.7.) 제 350호

김상훈, "불황기에 강한 만두 전문점" 외식경영 (2016.11, 122-123)

김성은, fresh017@foodbank.co.kr (2014.5.7.)

김영식. 전용수. 권규미,『외식경영사례』(서울 : 기문사), (2015, 321,355)

김준성, "골라먹는 4단계 매운맛, 짬뽕지존" 외식경영 (2016.8), 92-93.

김지윤 헤럴드경제, (2017.6.1.)

박선정, "봉수아 피자" 월간식당 (2016,11), 176-177.

박수진, "차골육수로 맛을 낸 수타 짬뽕전문점" 월간식당 (2014.4), 190-191.

박천수, "프랜차이즈 100" 창업경영신문 (2013,6,27)

서재필, "대한민국 100대 프랜차이즈", "파파존스 피자" 창업경영신문 (2016,12)

설현진, "요리에 중국을 담다, 중식소스" 월간식당 (2013.8), 194-195.

조주연, "영원한 딜레마의 승,자 짬뽕 프랜차이즈, 월간창업&프랜
　　　차이즈" (2016.6), 150-163.

창업&프랜차이즈, " 중국거상 교귀발의 정신을 계승하다"(2013.1),
　　　184-189.

＿＿＿＿＿＿＿(2012.1.11.), 피자알볼로

＿＿＿＿＿＿＿(2013.2.16.), 피자팩토리

외식경영, "칼칼한 육수, 짬뽕의 풍미 살린 냉짬뽕, 옥향루" 외
　　　식경영 (2015.8, 131)

육주희. 황해원. 이내경. 박경랑, "중식역사 120년 제2르네상스시
　　　대 열다" 월간식당 (2015.12, 83-105)

육주희, "인생2막 더불어 행복하게 살기, 진진 왕육성 사부" 월
　　　간식당 (2016.8, 104-107)

이은영, "신뢰로 키운 종합식자재 유통전문점, 송화푸드월드"
　　　(2016.11, 140, 241)

이재형, "꿈의 매출달성한 이비가짬뽕의 성공 비결" 외식경영
　　　(2016.2, 124-125)

임귀혜, "매운짬뽕으로 무더운 질주, 중식업계 유망주" 외식경영
　　　(2016.1, 98-99)

한눈에 읽는 외식창업 성공이야기 [시리즈 11]

웰빙·퓨전·모던키워드 중식 전문점

발 행 일 : 2018年 6月 1日

저 자 : 김 병 욱

발 행 처 : 킴스정보전략연구소

홈 페 이 지 : http://www.kimsinfo.co.kr

주 소 : 서울시 강동구 성내로8길 9-19(성내동 550-6) 유봉빌딩 301호(☎ 482-6374 ~ 5, FAX : 482-6376)

출판등록번호 : 제17-310호(등록일: 2001.12.26)

인 쇄 : 으 뜸 사

I S B N : 979-11-7012-148-0

※ 당 연구소에서 발간하는 도서구입, 도서발행, 연구위탁, 강의, 내용질의, 컨설팅, 자문 등에 대한 문의 ☎(02)482-6374.